Anselm Grün

Jesus – Bild des Menschen
Das Evangelium
des Lukas

Anselm Grün

Jesus – Bild des Menschen
Das Evangelium
des Lukas

Kreuz

Inhalt

Einleitung

Es gibt zahlreiche Bücher, die das Lukasevangelium auslegen oder einzelne Aspekte seiner Theologie herausarbeiten. Was soll diese Einführung in das Lukasevangelium, von einem Nichtexegeten geschrieben?

Was mir an vielen exegetischen Werken fehlt, das ist die Übersetzung für den persönlichen spirituellen Weg. Daher bin ich gern dem Wunsch des Kreuz Verlags nachgekommen, in einer leicht verständlichen Sprache in das Lukasevangelium einzuführen und so bei vielen suchenden Menschen ein neues Interesse für dieses wunderbare Buch des Neuen Testaments zu wecken. Nach wie vor ist die Bibel das Buch aller Bücher, das Buch, aus dem sich unser geistliches Leben nährt. Ich erlebe aber viele Christen, die sich schwer tun mit den Schriften des Neuen Testaments. Sie möchten Jesus Christus begegnen. Sie fragen sich, wer dieser Jesus für sie sei und wie sie aus ihm und mit ihm leben können. Aber oft genug bleibt ihnen Jesus fremd. Sie hören am Sonntag das Evangelium. Aber es berührt sie nicht. Umgekehrt erlebe ich Menschen, denen ein biblischer Text hilft, sich mit ihrer Lebensgeschichte auszusöhnen und einen heilsamen Weg für sich zu entdecken. Mein Anliegen ist, den Schatz der Bibel für uns heute zu heben, dem suchenden Menschen einen neuen Zugang zum Wort Gottes zu vermitteln. Dabei möchte ich vor allem an die Erfahrung herankommen, die Lukas mit Jesus gemacht hat, damit Sie als Leser und Leserin und ich als der um das rechte Wort ringende Autor heute gemeinsam aus dieser Erfahrung leben können.

Was mich an Lukas so fasziniert, ist sein Versuch, die

Botschaft Jesu in den Verstehenshorizont der Griechen zu übersetzen. Lukas war offensichtlich ein gebildeter Mensch, bewandert in griechischer Philosophie und Literatur, ebenso aber auch in Berührung mit der jüdischen Tradition. So gelingt es ihm, Jesus so zu beschreiben, dass ihn Juden und Griechen verstehen und lieben lernen. Lukas war von Jesus persönlich tief berührt. So entwirft er ein anziehendes Jesusbild. Er möchte seine Leser für diesen Jesus begeistern, vor allem die gebildeten Leser, die geprägt sind von der hellenistischen Kultur. Diese hellenistische Kultur entspricht in vielem unserer heutigen Mentalität, die sich aus verschiedenen Traditionen speist, aus dem philosophischen Denken des Abendlandes, aber auch aus religiösen Strömungen in Ost und West. Mich persönlich hat seit meiner Gymnasialzeit die griechische Philosophie fasziniert. Ich möchte in meiner Einführung daher vor allem die Übersetzung des Jesusgeschehens in die griechische Mentalität beachten. Aber ich möchte nicht dabei stehen bleiben. Denn was Lukas damals geleistet hat, das ist die Aufgabe der Theologie zu jeder Zeit. Sie soll die Botschaft Jesu so zur Sprache bringen, dass die Zeitgenossen sich davon angesprochen und angerührt fühlen. Lukas kannte die Theologie des Alten Testaments, und er war bewandert in der griechischen Philosophie und Mythologie. Er bewahrt die Kontinuität zur jüdischen Wurzel Jesu und seines Denkhorizonts. Zugleich öffnet er Jesus für die Griechen.

Diesen Versuch des Lukas, Altes mit Neuem zu verbinden, das damals Geschehene in die Gegenwart zu übersetzen, möchte ich in diesem Buch weiterführen. Es geht mir darum, die Texte auf die Nöte und Sehnsüchte der Menschen hin auszulegen, die mir in zahlreichen Gesprächen von sich erzählt haben. Ich möchte das, was die Menschen heute bewegt, mit dem zusammenbringen, was Lukas als einen Menschen seiner Zeit an Jesus fasziniert hat.

Was mich bei der Meditation des Lukasevangeliums und der Apostelgeschichte bewegt, ist die Frage: Was hat Lukas dazu getrieben, mit solchem Eifer an sein Werk zu gehen und alle Quellen zu erforschen, um die Geschichte Jesu zu schreiben und seine Auswirkungen in der frühen Kirche zu schildern? Offensichtlich war Lukas persönlich von der Botschaft Jesu getroffen. Es ist der Geist Gottes, den er in Jesus am Werk sieht und der sich auch im Wirken der Apostel zeigt. Von diesem Geist begeistert schreibt er sein Evangelium, damit der Geist Gottes auch die Leser erfasse und ihnen den neuen Weg zum Leben zeige, den Jesus uns eröffnet hat. Mein größter Wunsch wäre, dass Sie als Leser und Leserin Lust verspüren, das Lukasevangelium und die Apostelgeschichte zu meditieren. Und ich wünsche jedem Leser, dass er sich von Lukas zu Jesus führen lässt, dass er einen neuen Blick für Jesus bekommt und in ihm den erkennen kann, der ihm den Sinn des Lebens aufschließt, der seine Wunden heilt und ihn zum wahren Leben führt.

Lukas als Autor

Die Tradition der ersten Jahrhunderte sieht in Lukas einen Begleiter des Paulus auf seinen Missionsreisen. Doch die heutige Exegese stellt das in Frage. Denn die Theologie, die Paulus vertritt, unterscheidet sich wesentlich von der des Lukas. Eine letzte Gewissheit über die Herkunft und Eigenheit des Lukas haben wir nicht. Aber wir dürfen wegen seiner gepflegten griechischen Sprache annehmen, dass Lukas aus einer höheren Gesellschaftsschicht stammte und eine gute Ausbildung in Rhetorik und griechischer Philosophie hatte. Doch er kannte auch die griechische Bibelübersetzung, die Septuaginta, sehr gut. Vielleicht gehörte er zum Kreis der »Gottesfürchtigen«, die mit der jüdischen Religion sympathisierten. Lukas gehört der zweiten oder dritten Generation nach den Ereignissen Jesu an. Die Tradition meint, er stamme aus Antiochien. François Bovon, der den neuesten Lukaskommentar geschrieben hat, meint, er stamme aus Makedonien, und zwar aus Philippi. Denn in der Apostelgeschichte beschreibt er gerade diese Stadt in allen Einzelheiten und verrät dabei seine genauen Ortskenntnisse. Aber darüber gibt es keine Gewissheit. Hieronymus berichtet, Lukas habe sein Evangelium in Achaja geschrieben und sei in Theben gestorben. Das heißt also, dass er vor allem in Griechenland gelebt hat. Vermutlich hat er sein Evangelium zwischen 80 und 90 geschrieben. Lukas ist viel gereist, sicher auch nach Jerusalem. Denn auch da sind seine Beschreibungen der örtlichen Gegebenheiten klar. Dagegen war er anscheinend nicht in Galiläa. Denn seine Ortsangaben für diese Gegend sind ungenau.

Lukas ist der einzige Evangelist, der von sich selbst spricht. In seinem Vorwort tritt er auf als Geschichtsschreiber, der sorgfältig allen Überlieferungen nachgeht und von Anfang an alles genau aufschreiben möchte. Sein Vorwort gleicht den Vorworten hellenistischer Schriftsteller. Es ist in klassischem Griechisch abgefasst. Lukas hat den Ehrgeiz, einen Bestseller zu schreiben. Sein Buch soll auf dem Büchermarkt erscheinen. Daher widmet er es einer hochgestellten und wohlhabenden Persönlichkeit, dem »hochverehrten Theophilus«. Dieser soll als Verleger für die Veröffentlichung und Verbreitung seiner beiden Bücher sorgen. Denn von vornherein hat Lukas sein Werk auf zwei Bände konzipiert: den ersten Band über die Ereignisse um Jesus, den zweiten Band als die Geschichte der jungen Kirche. Lukas nennt sein Jesusbuch nicht »Evangelium«, sondern »Erzählung«. Er will die Geschichte Jesu erzählen, allerdings nicht nur die einzelnen Fakten, sondern wie es in der hellenistischen Geschichtsschreibung üblich war, immer schon als gedeutete Geschichte. Die Fakten bekommen für uns ja erst eine Bedeutung, wenn sie gedeutet werden. Lukas hat die Geschichte Jesu als Geschichte des Heils und der Heilung des Menschen gedeutet. In der Geschichte Jesu offenbart sich Gott als der erlösende und rettende Gott. Was damals geschehen ist, hat unsere Welt entscheidend verändert. Wenn wir uns mit der Geschichte Jesu auseinander setzen, wird sie auch uns verwandeln.

Lukas will als Schriftsteller seinen eigenen Beitrag leisten, Jesus den Menschen verständlich zu machen: »Da ja schon viele es in die Hand genommen haben, die Ereignisse, die sich unter uns erfüllt haben, in eine Erzählung zu fassen – so wie sie uns die überliefert haben, die von Anfang an zu Augenzeugen und Dienern des Wortes geworden sind –, schien es auch mir richtig, nachdem ich allem von Beginn an mit Sorgfalt nachgegangen bin, es dir, verehrter Theophilus, der Reihe nach aufzuschreiben, damit du die Worte, die du erfahren hast, genau erkennst in ihrer Zuverlässigkeit.« (Lk 1,1–4) Lukas ist offensichtlich mit den Versuchen seiner Vorgänger nicht zufrieden. Ihm fehlen der Anfang der Erzählung und die Auswirkung in der Geschichte. Und ihm fehlen eine gute Komposition, die alles an die richtige Stelle setzt, und ein Stil, der auf das Empfinden der Leser Rücksicht nimmt. Er stellt sich auf der einen Seite in die Reihe derer, die vor ihm geschrieben haben. Auf der anderen Seite setzt er sich von ihnen ab. Daraus spricht das Selbstbewusstsein des christlichen Autors, der sein eigenständiges literarisches Werk schafft. Sein Werk ist notwendig, weil er »genau = akribos = mit Akribie« allem »von Beginn an« nachgegangen ist und es überprüft und neu zusammengesetzt hat. Und er schreibt es »der Reihe nach« auf, das heißt er gibt seinem Stoff eine gute Gliederung und sieht den inneren Zusammenhang des Geschehens. Er erzählt nicht einfach, was ihm überliefert wurde, sondern er hat beim Schreiben eine übergreifende Idee, eine theologische Konzeption.

Lukas bringt keine dogmatische Abhandlung über Jesus, sondern eine erzählende Theologie. Erzählend Theologie zu treiben, das ist menschenfreundlich. Denn der Leser wird nicht durch abstrakte Lehrsätze überfordert. Er fühlt sich frei und kann sich in der Erzählung wiederfinden. Lukas möchte durch seine einfühlsame Erzählung der Taten Jesu die Leser gewinnen. Sein Buch ist eine Werbeschrift für Jesus und seine Botschaft. Dabei beschränkt er sich nicht auf das Leben Jesu, sondern bezieht auch die Auswirkung von Jesu Wirken in der Geschichte der Kirche mit ein. Was Jesus gesagt und was er getan hat, das prägt sich in der Geschichte aus. Und erst wenn diese Auswirkung mitbedacht ist, wird man den Ereignissen im Leben Jesu gerecht. Das Ziel des lukanischen Werkes ist, dass sein Leser »die Zuverlässigkeit der Worte erkennt«, in denen er unterwiesen wurde. Er will ihnen Halt und Sicherheit geben. Sie sollen wissen, worauf sie ihr Leben bauen können.

Nach dem feierlichen Vorwort beginnt Lukas seine Erzählung mit dem Satz: »Es geschah in den Tagen des Herodes, des Königs von Judäa.« (Lk 1,5) Dieses »kai egeneto – und es geschah« liebt Lukas. Nach dem wunderbaren griechischen Stil des Vorwortes setzt Lukas bei seiner Erzählung mit einem Stilbruch ein. Denn das »Es geschah – kai egeneto« ist nicht typisch griechischer, sondern semitischer Stil, wie er in der Septuaginta, der griechischen Übersetzung des Alten Testaments, üblich war. Lukas will also nicht profane Geschichte erzählen, sondern heilige Geschichte. Und weil er heilige Geschichte erzählt, tut er es in einem Stil, der dieser ganz anderen Geschichte angemessen ist. Wenn heute ein Erzähler mit den Worten ansetzt: »Es war einmal«, dann wissen wir, dass er ein Märchen erzählt. So wussten die Menschen, die als Griechen damals mit der Septuaginta vertraut waren, dass Lukas nun damit beginnt, heilige Geschichte zu erzählen, die Geschichte Gottes mit uns Menschen. Die Griechen nennen dieses Phänomen »Mimesis = Nachahmung«. Wenn bei einem hellenistischen Autor in einer Komödie ein Kreter auftritt, so spricht er kretischen Dialekt. Es ist also ein typisch hellenistischer Kunstgriff, wenn Lukas die Sprache der Septuaginta nachahmt, die einen typisch semitischen Klang hat. Lukas zeigt mit diesem Kunstgriff, dass er beiden gerecht wird, den Griechen und den Juden. Er erzählt die Geschichte Jesu in einer Sprache, die den Juden vertraut ist. Aber er kleidet seine Erzählung in ein griechisches Gewand.

Lukas als Arzt und Maler

Lukas, der Arzt

In der Tradition gilt Lukas als Arzt. Manche Exegeten betonen, dass die Sprache des Lukas ärztliche Bildung verrate. Ganz gleich, ob er wirklich Arzt war oder nicht, entscheidend ist, was hinter diesem Bild steckt, das sich die Tradition von Lukas gemacht hat. Offensichtlich war Lukas ein Mensch, dem es um die Heilung des Menschen ging. Aus seinem Evangelium und aus der Apostelgeschichte geht hervor, dass er die Menschen nicht in erster Linie belehren will, sondern dass es ihm um die Kunst des gesunden Lebens geht. Für die antiken Ärzte war die Kunst des gesunden Lebens ihre wichtigste Aufgabe. Lukas zeichnet Jesus als den Anführer des Lebens, als den, der uns in die Kunst des gesunden Lebens einführt, der uns auf dem Weg zu einem gelingenden Leben vorausgeht. Modern ausgedrückt könnte man sagen: Lukas schreibt ein Buch zum Thema »Lebenshilfe aus dem Glauben«.

In seinem Konzept der gesunden Lebensführung ist Lukas dem griechischen Menschenbild verpflichtet. Den Griechen ging es um das rechte Maß. Nur was maßvoll ist, entspricht dem griechischen Menschenbild des schönen und guten Menschen (= kalos k'agathos). Zu diesem Maß gehört ein Ausgleich der Gegensätze. Die Grundfrage der Griechen war ja, wie der Mensch zu seinem wahren Wesen finden, wie er seine innere Zerrissenheit überwinden und zur Einheit mit sich und Gott finden könne. Der Weg zu dieser Einheit geht über den Ausgleich der Gegensätze. Daher liebt Lukas in seiner Darstellung die Gegensätze.

Wenn er den einen Pol menschlichen Lebens beschrieben hat, folgt sofort der Gegenpol. Das zeigt sich darin, dass er einem Mann immer auch eine Frau zur Seite stellt, etwa wie bei Simeon und Hanna, oder wie bei Simon von Cyrene und den weinenden Frauen. Auf ein Männergleichnis folgt ein Frauengleichnis. Das zeigt er auch in seiner Vorliebe für zwei Schwestern, zwei Brüder, zwei schwangere Frauen. Er schildert immer zwei Pole des Menschen. Beide Pole gehören zu uns. Immer wenn Lukas ein Thema faszinierend dargelegt hat, relativiert er es, indem er den Gegenpol beschreibt, so etwa beim Thema Nächstenliebe (Lk 10,25–37), das sofort durch das Thema Gottesliebe (Lk 10,38–42) relativiert wird. So bewahrt er uns vor einseitigem Idealismus, in dem wir immer in Gefahr sind, den Gegenpol zu überspringen und so wichtige Bereiche unserer Seele abzuspalten. Lukas zeigt uns einen ausgewogenen Weg zur Menschwerdung. Er lehrt uns die Kunst, lebendig zu leben, indem wir die Polarität unseres Daseins bewusst wahrnehmen und zulassen.

Das Lukasevangelium ist geprägt von einem positiven Menschenbild. Lukas ist kein Moralist und kein Pessimist. Er traut dem Menschen etwas zu. Es geht ihm darum, wie der Mensch in seiner Welt so leben kann, dass es seiner Würde entspricht, dass er mit seiner ursprünglichen Schönheit und Gutheit in Berührung kommt, dass er das Menschenbild zu verwirklichen vermag, das den Griechen so lieb und teuer war. Lukas sieht in Jesus den, der unser wahres Bild zur Entfaltung bringt. Er verzichtet darauf, den Menschen ständig als Sünder zu beschreiben. Der Mensch hat einen göttlichen Kern. Aber er hat sich von seinem göttlichen Kern entfremdet. Daher kommt Jesus vom Himmel herab, um ihn wieder an seine göttliche Würde zu erinnern. Dieses positive Menschenbild des Lukas täte unserer christlichen Verkündigung heute gut. Wir haben zu lange gedacht, wir müssten den Menschen erst klein machen, damit er die Gnade Gottes annehme. Lukas verzichtet auf eine solche uns letztlich entwertende Methode. Er sieht den Menschen, wie er ist, in seiner Würde, aber auch mit seinen Verletzungen und Wunden. So zeichnet er uns Jesus als den wahren Arzt, der unsere Wunden heilt und der uns die Kunst des gesunden Lebens lehrt. Jesus ist der Arzt, der uns, die wir in uns selbst verkrümmt sind und nicht über unseren engen Horizont hinaussehen, wieder aufrichtet zu unserer wahren Würde.

Lukas, der Maler

Das andere Bild, das die Tradition uns von Jesus überliefert, geht auf Lukas als Maler zurück. Auch dieses ist historisch unsicher. Aber in diesem Bild steckt dennoch etwas Wahres. Lukas ist ein begnadeter Schriftsteller, der die Kunst beherrscht, die Ereignisse so darzustellen, dass sie uns wie ein Bild aufscheinen. Nicht umsonst hat Klaas Huizing ein Buch geschrieben: »Lukas malt Christus«. Lukas zeichnet uns ein literarisches Portrait von Jesus. Manche meinen, Lukas sei nur ein guter Erzähler, aber kein guter Theologe gewesen. Ich kann diese Meinung nicht teilen. Lukas versteht die Kunst, die Geschichte Jesu so zu erzählen, dass die ganze Theologie der Menschwerdung aufleuchtet. Dass Jesus Gottes Sohn ist, braucht Lukas nicht zu behaupten und zu begründen. Er erzählt die Geschichte von Jesus so, dass das Göttliche in Jesus aufstrahlt. Indem der Leser von Jesus berührt wird, geht ihm Gott auf. So wird er hineingezogen in das Geschehen der Inkarnation. Das ist für mich hohe theologische Kunst.

In den Erzählungen des Lukas strahlt uns das Antlitz Gottes im Menschen Jesus entgegen. Wenn wir dieses Bild anschauen, werden wir davon verwandelt. Im Lesen der Geschichte geschieht die Erlösung. Wenn ich mit allen

Sinnen lese, wenn ich – wie Martin Luther es ausdrückt – in den Text hineinkrieche, dann gehe ich verwandelt aus dem Text heraus. Ich bin der Gestalt Jesu begegnet, und diese prägt nun meine Gestalt. Der Text schafft eine neue Wirklichkeit. Der Leser bleibt nicht der gleiche. Er wird durch den Text neu geschaffen. Er kommt in Berührung mit dem Bild Jesu Christi, das sich in ihn beim Lesen einbildet (vgl. Huizing, S. 140f).

Lukas war in griechischer Rhetorik ausgebildet. Ziel der Rhetorik war »das Vor-Augen-Malen eines Sachverhaltes« (Huizing, S. 120). Horaz spricht vom »Malen mit Worten«. Lukas beherrscht die Kunst, uns mit Worten ein literarisches Portrait Jesu zu malen. Er lässt die Gestalt Jesu sichtbar werden, indem er dessen Gesten und Blick beschreibt. So entsteht eine Atmosphäre, ein Gefühlsraum, in dem der Leser von Jesus angerührt wird. Lukas spricht nicht über die Inkarnation der Liebe Gottes, sondern er erzählt eine Geschichte, in der die Liebe Gottes Fleisch wird: die Geschichte vom barmherzigen Samariter (Lk 10,30–38). Wer diese Geschichte mit allen seinen Sinnen liest, dem geht es wie Rilke beim Anblick der Laokoongruppe in den vatikanischen Museen. Rilke stand vor diesem faszinierenden Standbild und wusste: »Du musst dein Leben ändern.« Man kann so eine Geschichte nicht lesen, ohne davon angeregt zu werden, dem Bild ähnlich zu werden, das Lukas darin von Jesus zeichnet.

François Bovon beschreibt diese Fähigkeit des Lukas, malend zu schreiben. Jesus illustriere »das doppelte Liebesgebot einerseits durch das Gleichnis vom barmherzigen Samaritaner und andererseits durch das Gespräch mit Maria und Marta (Lk 10,25–42). Schwierige theologische Fragen bringt er dem Verständnis näher durch einprägsame Inszenierungen, wie etwa die Jungfrauengeburt durch das lebendige Gegenüber von Maria und Engel und ihren Dialog (Lk 1,26–38).« (Bovon, S. 16f.) Die Frage nach der Heidenmission behandelt er nicht mit intellektuellen Argumenten, sondern beantwortet sie durch das konkrete Beispiel der Bekehrung des Kornelius. Lukas nennt die Gefühle nicht, sondern »malt ihre Äußerungen: Der ungeborene Johannes beispielsweise hüpft im Mutterleib (Lk 1,41), die Sünderin vergießt Tränen (Lk 7,38), Jesus beugt sich über die schwerkranke Schwiegermutter des Petrus (Lk 4,39).« (Ebd., S. 17) Offensichtlich kann sich Lukas in jede Situation einfühlen. Und er findet für jede Erzählung genau den Stil, der dem Geschehenen gerecht wird. Seine Gefühle werden in der Sprache sichtbar. Lukas braucht die Gefühle nicht zu benennen. Seine Sprache drückt die Gefühle aus, mit denen er auf das jeweilige Ereignis oder auf das jeweilige Wort Jesu reagiert.

Wir verdanken Lukas die schönsten biblischen Erzählungen, wie etwa die Emmausgeschichte, und die schönsten Gleichnisse (Der verlorene Sohn und Der unehrliche Verwalter). Lukas kann den Leser faszinieren. Das verrät nicht nur seine Bildung, sondern auch seinen Sinn für Schönheit und Menschlichkeit. Er hat ein Gespür für den Menschen. Er liebt die Menschen, für die er schreibt. Er knüpft durch sein Schreiben Beziehungen. Er entwirft sein Doppelwerk nicht am Schreibtisch, sondern immer schon in der Beziehung zu seinen Lesern. Beim Schreiben hat er den Leser vor Augen und tritt mit ihm in einen Dialog. Er möchte den Leser für Jesus gewinnen, aber nicht mit platten Argumenten, sondern mit Erzählungen, die das Herz anrühren. So kann nur ein Mensch schreiben, der selbst angerührt war von der Gestalt Jesu.

Es geht Lukas aber nicht nur um die Gestalt Jesu, sondern letztlich um Gottes Handeln in Jesus Christus. Gott ist der eigentlich Handelnde. Gottes Großtaten will Lukas verkünden. Lukas redet nicht abstrakt von Gott, sondern er erzählt sein Handeln am Menschen. Durch sein geschichtliches Wirken wird Gott sichtbar und erfahrbar.

So malt Lukas in seinen Erzählungen ein Bild des unsichtbaren Gottes, der sich uns in seiner Schöpfung und in der Geschichte zeigt.

Die Sprache offenbart das Herz eines Menschen. Die Sprache des Lukas verrät uns nicht nur den gebildeten Menschen, sondern auch den Arzt und den Maler. Sie zeigt uns einen Menschen, der ein Herz für die Menschen hat, der die Menschen für das Leben gewinnen will, der ihnen einen Weg zeigen möchte, wie sie hier in dieser Welt sinnvoll leben können. Und sie zeigt einen ästhetischen Menschen, einen Menschen, der einen Sinn hat für Schönheit. Lukas kann spannend erzählen. Er hat ein Gespür für Komposition. Obwohl er über eine umfassende Bildung verfügt, schreibt er einfach. Er verzichtet auf die Überredungstechniken der griechischen Rhetorik, die er sicher gelernt hat.

Lukas passt seinen Stil der jeweiligen Situation an: »Die Gedanken oder Sorgen Marias weiß er in mütterlichen Worten auszudrücken, die Anfänge des Täufers feierlich zu datieren, den misslungenen Fischfang mit Fachausdrücken, die Verklärung Jesu geheimnisvoll, die Auseinandersetzungen des Paulus mit den Juden in Rom polemisch, das Gebet und die Haltung der Apostel nach der Himmelfahrt hierarchisch wie eine Ikone, die Begegnung mit Zachäus anschaulich, rührend, fast naiv, den dramatischen Schiffbruch des Paulus romanartig, die Missionsreden des Petrus kerygmatisch kirchlich, die exegetische Predigt des Paulus in der Synagoge in ihrer Gedankenführung jüdisch, die Verteidigungsreden des Apostels rhetorisch-juristisch darzustellen.« (Bovon, S. 16) So offenbart die Sprache nicht nur einen begabten Schriftsteller, sondern einen Menschen, der sich in jede Situation einfühlen kann, der mit den Personen fühlt, die er schildert, der sich einlässt auf das Leben, der voller Sehnsucht ist nach erfülltem Leben. Wie es Lukas fertig bringt, die Geschichte Jesu auch in unsere Nöte und Sehnsüchte hinein zu sprechen, das möchte ich nun konkret an einigen ausgewählten Beispielen aufzeigen.

Die Kindheitsgeschichte

»Lukas ist ohne Zweifel ein herausragender Repräsentant der so genannten Narrativen Theologie.« (Ernst, S. 34) So urteilt der Exeget Josef Ernst. Lukas erzählt das Geheimnis der Gottessohnschaft Jesu, indem er dessen Geburt beschreibt. Theologie wird durch Erzählen betrieben, nicht durch Spekulieren. Und Lukas ist ein exzellenter Erzähler. Das zeigt er gerade in den Kindheitsgeschichten. Welche Quellen er da genau benutzt, können wir nicht mit letzter Sicherheit sagen. Aber wie er mit diesen Quellen umgeht, wie kunstvoll er sie ordnet, das können wir sehen. Lukas hat die Geburt Jesu mit der Geburtsgeschichte Johannes' des Täufers verzahnt, und zwar so, dass Jesus den Täufer übertrifft, dass der Täufer mit seinem ganzen Sein auf Jesus hinweist. Lukas stellt Johannes und Jesus einander gegenüber: Johannes predigt das Gericht, Jesus die gute Nachricht von der Gnade Gottes – vom gewinnenden Charme Gottes –, die alle, die sie hören, mit Freude erfüllt.

Lukas hat hier zwei Doppelbilder gemalt »nach Art eines Diptychons« (Ernst, S. 35). Hier zeigt sich wieder der Maler Lukas. Wenn er erzählt, entstehen Bilder. Mit seinen Bildern verweist Lukas auf bisher verborgene Dimensionen des göttlichen Handelns. Das erste Bild ist das zweier Geburtsankündigungen, das zweite Bild erzählt die Geburt Johannes' des Täufers und die Geburt Jesu. Beiden Bildern folgen Meditationen über das Geschehene. Nach den beiden Geburtsankündigungen erzählt uns Lukas den Besuch Marias bei Elisabeth. Auf die Erzählung der beiden Geburten folgen das Zeugnis des Simeon und der Hanna über Jesus und die Geschichte vom zwölfjährigen Jesus im Tempel. In beiden Bildern leuchtet das Geheimnis dieses neugeborenen Kindes auf. Das Volk hat die Bilder, die Lukas uns von der Geburt Jesu geschaffen hat, weiter ausgemalt. In jeder Zeit entstehen neue Weihnachtsbilder, die das Geheimnis der Menschwerdung auf ihre Weise deuten. Sie alle aber haben ihren Grund in den Bildern, die Lukas uns in seiner anrührenden Darstellung vor Augen hält.

Verkündigung des Engels an Maria

Zacharias, der alte Mann und Priester, reagiert auf die Verkündigung des Engels Gabriel mit Zweifeln. Maria, die junge Frau, das einfache Mädchen aus Nazareth, glaubt dem Engel. Hier zeigt sich wieder die Gegensätzlichkeit. Beide Pole sind in uns: der Zweifel und der Glaube. Lukas lädt uns ein, wie Maria dem Pol des Glaubens mehr zu trauen. Maria hat Gnade gefunden bei Gott. Gott freut sich an ihr und schenkt ihr daher seine liebende Zuwendung. Was der Engel Maria zusagt, das gilt auch uns. Auch an uns hat Gott sein Wohlgefallen. Aber wir reagieren nicht darauf. Maria lässt sich auf Gottes Gnade ein: »Ich bin die Magd des Herrn; mir geschehe, wie du es gesagt hast.« (Lk 1,38) Maria sieht sich hier als Repräsentantin des Volkes Israel. Während Israel Gottes Willen abgelehnt hat, wird sie ihn stellvertretend für das Volk erfüllen. In diesem Wort zeigt Lukas, wie sehr er Maria als Frau schätzt. Sie lässt sich anders als der Mann Zacharias ein auf das Wort Gottes und traut ihm. Eine Frau wird zur Repräsentantin des Volkes Israel. Weil sie sich auf Gottes Wort einlässt, wird dem Volk Erlösung zuteil. Das Handeln geht von Gott aus. Aber es hängt auch von der Entscheidung der Menschen ab, ob sie Gott an sich handeln lassen. Maria gibt dem Handeln Gottes in ihrem persönlichen Leben Raum. Das hat Folgen für die ganze Menschheit.

Maria wird in der Verkündigungsszene als Jungfrau bezeichnet. Und die Geburt Jesu wird als jungfräuliche Geburt beschrieben. Darüber haben sich die Exegeten und Theologen viele Gedanken gemacht. Das Motiv, dass ein heiliger Mann durch eine jungfräuliche Geburt zur Welt kommt, ist sowohl in jüdischen Kreisen als auch in hellenistischen und ägyptischen Traditionen bekannt. Schon Philo, der jüdische Philosoph, sieht die Geburt Isaaks als jungfräuliche Geburt an. Und er spricht von der ekstatischen Vereinigung der Seele mit Gott (Bovon, S. 66). Im ägyptischen Sonnenkult feierte man in der Nacht vom 24. auf den 25. Dezember die Geburt der Sonne. Dabei brach die Gemeinde in den Ruf aus: »Die Jungfrau hat geboren, zu nimmt das Licht.« (Bovon, S. 68) Der ägyptische König – so stellte man sich vor – wird von Gott gezeugt. All diese Elemente des ägyptischen Sonnenkultes und der hellenistischen Vorstellungen göttlicher Zeugung waren schon im Judentum verbreitet. So hat Lukas auf der einen Seite jüdische Traditionen verarbeitet, auf der anderen Seite aber auch auf die Sehnsüchte der Griechen geantwortet. Mit seiner Erzählung von der Verkündigung kann er die Jungfräulichkeit der Mutter des Messias verständlich machen, seine Größe und Gottessohnschaft, seine ewige Herrschaft und die Erzeugung durch den Heiligen Geist (Bovon, S. 69). Wie die Wintersonnenwende der Sommersonnenwende im Abstand von sechs Monaten folgt, so wird Jesus sechs Monate nach Johannes geboren. Mit ihm leuchtet die Sonne der göttlichen Gnade hell auf in der Kälte unserer Welt. Wenn heute viele Theologen einen Dialog der verschiedenen Religionen fordern, so hat Lukas das schon damals in vollendeter Weise getan. Er hat die verschiedenen religiösen Strömungen aufgegriffen und die Botschaft vom Geheimnis Jesu vor dem Hintergrund dieser Traditionen so formuliert, dass Menschen aus allen religiösen Kulturen verstehen konnten, was ihnen Gott in Jesus geschenkt hat.

Doch Lukas verbindet diese mythologischen Motive mit dem menschlichen Motiv des vertrauenden Glaubens, den er in Maria beschreibt. Maria wird zum Urbild und Vorbild des Glaubens. Maria lässt sich auf den Engel ein. Sie erschrickt zwar über die Anrede des Engels. Aber sie verschließt sich nicht, sondern denkt darüber nach, was der Engel ihr letztlich sagen möchte. Der Engel verkündet ihr, dass sie einen Sohn empfangen werde, der »Sohn des Höchsten« genannt wird (Lk 1,32). Der Höchste ist im hellenistischen Judentum eine beliebte Bezeichnung für Gott. Der Engel erklärt Maria, wie die Empfängnis vor sich gehen wird: »Der Heilige Geist wird über dich kommen, und die Kraft des Höchsten wird dich überschatten.« (Lk 1,35) Der Heilige Geist selbst wird die Jungfrau befruchten. Das erklärt nicht nur die jungfräuliche Geburt Jesu, sondern ist ein Bild auch für unser Leben. Die kostbarste Frucht, die wir bringen können, kommt nicht aus uns selbst, und sie stammt auch nicht aus der Befruchtung durch andere Menschen, sondern sie wird vom Heiligen Geist gewirkt. Maria, die glaubende Frau, ist hier Vorbild für den Christen. Gott möchte durch seinen Heiligen Geist auch in uns Neues schaffen. Wir dürfen nicht zu klein von uns denken. Wir sollen wie Maria Gott zutrauen, dass er Großes in uns und aus uns heraus zu wirken vermag. »Denn für Gott ist nichts unmöglich.« (Lk 1,37) Darin besteht der wahre Glaube, dass wir Gott keine Grenzen setzen. Gott ist nichts unmöglich. Gott wählt die Jungfrau Maria, ein unbedeutendes Mädchen aus Nazareth, um das Unmögliche in dieser Welt möglich zu machen. Er wählt auch uns gerade in unserer Schwachheit und Begrenztheit, um durch uns sein

Werk des Heils und der Heilung in dieser Welt zu vollbringen. Christus möchte auch in uns Gestalt annehmen.
Die Voraussetzung dafür ist jedoch, dass wir wie Maria
sprechen: »Ich bin die Magd des Herrn; mir geschehe,
wie du es gesagt hast.« (Lk 1,38)

Die Begegnung zwischen Maria und Elisabeth

Bevor Lukas die Geburt des Johannes und die Geburt
Jesu beschreibt, erzählt er uns die schöne Geschichte von
der Begegnung Marias mit Elisabeth. Mit dieser Geschichte verknüpft er zum einen die Geburt des Johannes
mit der Geburt Jesu, zum anderen deutet er uns das Geschehen. Maria ist die Frau, die mehr als alle anderen
Frauen gesegnet ist. Denn sie trägt den Herrn selbst in
sich. Es ist eine wunderbare Begegnungsgeschichte, die
uns Lukas erzählt. Da macht sich ein zwölf- oder vier-
zehnjähriges Mädchen auf und eilt durch das Gebirge.
Vier Tage lang braucht man normalerweise für diesen
Weg. Maria muss schon eine selbstbewusste Frau gewesen sein, wenn sie sich allein diesen Weg zutraut. Die Erfahrung Gottes in der Verkündigungsszene hat sie in Bewegung gebracht. Auch Elisabeth gerät in Bewegung. Als
Maria sie grüßt, hüpft das Kind in ihrem Schoß auf. Sie
kommt in Berührung mit ihrer Fruchtbarkeit, mit dem
Neuen, das in ihr wächst. Und sie wird vom Heiligen
Geist erfüllt. Sie wird zur Prophetin, die in Maria das Geheimnis ihrer Mutterschaft erkennt. In dieser wunderbaren Geschichte geht es nicht nur um das Geschehen
damals. Die Szene ist vielmehr Urbild jeder tiefen
menschlichen Begegnung. In jeder Begegnung geht es
darum, im anderen das Geheimnis Christi zu entdecken.
Jeder trägt Christus in sich. Wenn wir das verstehen,
dann hüpft das Kind in uns auf. Wir entdecken das Ge-

heimnis des anderen und unser eigenes Geheimnis. Wir kommen mit dem Kind in uns in Berührung. Damit solche Begegnung möglich wird, müssen wir wie Maria aufstehen und uns auf den Weg machen. Wir müssen auf eigenen Füßen stehen, um beim anderen anzukommen. Und wir müssen über das Gebirge gehen, über die Berge von Hemmungen und Vorurteilen, um den anderen so zu sehen, wie er ist.

Elisabeth preist Maria als die, die geglaubt hat, »dass Vollendung über das kommen wird, was ihr vom Herrn versprochen worden ist« (Bovon, S. 80). Hier benützt Lukas das einzige Mal in seinem Evangelium das Wort »teleiosis = Vollendung, Erfüllung«. Die Geburt Jesu ist die Erfüllung aller Verheißungen, die Gott jemals im Alten Testament gegeben hat. Darin wird alles zusammengefasst, was Gott dem Menschen versprochen hat. In Jesus zeigt Gott, dass er sein Volk aller Drangsal entreißen wird, dass er ihm den Weg des Lebens zeigt, dass er es erlöst aus Gefangenschaft und alle seine Wunden heilt. Es geht nicht darum, einzelne Verheißungen auf die Geburt Jesu zu beziehen, sondern in Jesus die Erfüllung der gesamten Heiligen Schrift zu sehen. Elisabeth sieht in Maria die Glaubende, Vorbild auch für unseren Glauben. Gott wird auch an uns erfüllen, was er uns verheißen hat. Er wird auch an uns Großes vollbringen, wenn wir wie Maria seinen Worten trauen.

Maria antwortet auf die Seligpreisung mit einem Loblied, das Lukas so formuliert, dass es auch unser Lied werden kann. Im Magnifikat deutet Maria das Geschehen, das sie in der Verkündigung erlebt hat und das in der Geburt Jesu vollendet wird. Maria ist hier die Repräsentantin Israels, aber auch die Stimme all der Armen und Entrechteten, die in der Geburt Jesu ihr Recht bekommen. In Jesu Geburt stürzt Gott die Mächtigen vom Thron, und die Armen werden erhöht. Die Befreiungstheologie hat das Magnifikat heute neu entdeckt als Hoffnungslied der Armen. Feministische Theologinnen sehen darin ein Befreiungslied für Frauen. Beide Bewegungen greifen wichtige Anliegen des Evangelisten auf. Denn Lukas ist sowohl der Anwalt der Armen als auch der Frauen. Jeder kann für sich dieses wunderbare Lied singen und damit Gott preisen, der auch auf seine Unbedeutendheit geschaut und Großes an ihm getan hat. In diesem Lied kommt zum Ausdruck, dass Gott alle unsere Maßstäbe über den Haufen wirft und gerade das Niedrige in uns erhöht und das Hungernde in uns sättigt.

Die Geburt Jesu

Es gibt wohl kaum Menschen, die von der Geburtsgeschichte Jesu, wie sie uns Lukas erzählt, nicht berührt werden. Kunstvoll hat Lukas drei Geschichten miteinander verwoben: die Erzählungen von der Volkszählung, von der Geburt Jesu und von der Verkündigung der Geburt an die Hirten. Die Exegeten sind sich heute einig, dass es eine Steuerschätzung im ganzen Reich nicht gegeben hat, sondern nur in einzelnen Gebieten. Lukas referiert nicht einfach die geschichtlichen Fakten, sondern er deutet sie. Er stellt die Geburt in die politische Welt des Kaisers Augustus, um zu zeigen, dass Jesus der wahre Friedenskönig ist, dass nicht Augustus das Heil bringt, wie es manche Inschriften von ihm ausdrücken, sondern Jesus, der als armes Kind in einem Stall geboren wird. Die Geburt in einem unbedeutenden Winkel Palästinas hat eine heilsame Bedeutung für die gesamte Welt. Jesus ist der wahre Retter und Herr. Er bringt den wahren Frieden, nicht Augustus, der sich als Friedenskaiser feiern ließ. Mit seiner Erzählung kritisiert Lukas die Herrscherideologie des Kaisers, aber zugleich auch die politische Theologie der Zeloten, die sich gegen die Volkszählung auflehnen. Maria und Josef gehorchen dem Befehl des Kaisers. Der Umsturz der Verhältnisse geschieht nicht mit Gewalt und äußerer Macht, sondern von innen heraus. In Jesus hat Gott in diese Geschichte eingegriffen. Der Friede, der in Jesus in der Geschichte aufscheint, hat geschichtliche und politische Auswirkungen. Die Christen sollen – so meint Lukas – den Frieden Christi in die ganze Welt bringen. Die Geschichte Jesu soll sich durch die Christen in der Weltgeschichte heilend und Frieden stiftend auswirken. Der Friede Gottes wird in der Geschichte Jesu sichtbar und will durch ihn die ganze Weltgeschichte durchdringen.

Maria und Josef machen sich auf den Weg nach Bethlehem. »Als sie dort waren, kam für Maria die Zeit ihrer Niederkunft, und sie gebar ihren Sohn, den Erstgeborenen. Sie wickelte ihn in Windeln und legte ihn in eine Krippe, weil in der Herberge kein Platz für sie war.« (Lk 2,6f) Die Herberge, in der kein Raum für das durchreisende Paar ist, bezeichnet einen Raum in einem Privathaus, in dem Reisende gewöhnlich übernachten konnten. Doch es war kein Raum mehr im Wohnhaus. So mussten Josef und Maria in die unter dem Haus liegende Höhle gehen, in der ein Futtertrog in die Wand gehauen war. Es ist ein Raum äußerster Armut, in dem Jesus geboren wird. In dieser Geburt unter ärmlichen Verhältnissen sieht Lukas die Erfüllung der Verheißungen Gottes an sein Volk. Das wird in der Hirtenszene deutlich. Israel versteht sich als Hirtenvolk. Den Hirten als Vertretern der Armen des Volkes wird die Botschaft von der Geburt Jesu zuerst verkündet. Es spielt aber sicher auch ein griechisches Motiv mit. Die Griechen erzählen sich die Entdeckung des königlichen Säuglings durch Hirten. Lukas erzählt sein Evangelium so, dass es sowohl für Juden als auch für Griechen eine Frohe Botschaft ist, eine Botschaft, die in ihren geistigen Horizont hineinspricht und ihre tiefsten Sehnsüchte erfüllt. Ein Engel tritt zu den Hirten, und mit ihm erscheint Gottes Herrlichkeit und umstrahlt die Hirten. Die Nacht, die Dunkelheit des menschlichen Herzens, wird durch Gottes Licht verwandelt. Der Engel verkündet den Hirten eine große Freude. Hier verwendet Lukas das griechische Wort »euangelizomai«. Es ist ein Wort, das die Ankündigungen des Kaisers bezeichnet, aber zugleich hat dieses Wort auch seine Wurzeln im Alten Testament. Gott spricht mit diesem Wort seine Botschaft zu den Menschen. Lukas benützt jedes Wort bewusst. Er beherrscht die Kunst, in seinen Worten sowohl die Juden wie die Griechen anzusprechen. Für die Juden wird deutlich, dass in der Geburt Jesu sich die alttestamentlichen Verheißungen erfüllen. Für die Griechen hat das Wort eine »antikaiserliche Spitze« (Bovon, S. 125). Die Verkündigung der Geburt Jesu bringt den Menschen wahre Freude, nicht die Versprechungen des Kaisers.

Der Inhalt der Verkündigung des Engels lautet: »Heute ist euch in der Stadt Davids der Retter geboren; er ist der Messias, der Herr.« (Lk 2,11) Lukas benutzt hier drei Begriffe, um das Geheimnis Jesu zu erklären. Und es sind Begriffe, die wiederum jüdische und griechische Gemüter in gleicher Weise ansprechen. Das Wort »soter = Retter« bezeichnet in der Septuaginta das Wirken Gottes. In der griechisch-römischen Welt werden Kaiser, Philosophen und Ärzte Retter genannt. Kaiser Augustus wurde als Retter bezeichnet. Doch alle diese menschlichen Retter überbietet Jesus. Er ist der Messias, der Gesalbte Gottes. Der wahre Retter ist der aus dem Judentum kommende Messias. Dieser Messias erfüllt die Verheißungen Gottes. Er befreit sein Volk aus Unterdrückung und Knechtschaft. Der jüdische Begriff Messias steht hier zwischen den beiden griechischen Titeln »Retter und Herr«. »Kyrios = Herr« ist ein Begriff, den die Griechen für den Kaiser verwenden. In der Septuaginta ist Gott der eigentliche Herr. Jesus ist beides: Er kommt von Gott und ist Gottes Sohn. Aber er ist zugleich der Herr, der der ganzen Welt Frieden und Heil bringt, dauerhafter, als jeder Kaiser das vermag. Indem Lukas kunstvoll diese drei Begriffe miteinander verbindet, beschreibt er das Geheimnis der Menschwerdung Gottes in Jesus Christus. Er spekuliert nicht darüber, sondern er bringt durch eine Erzählung zum Ausdruck, wer dieser Jesus ist. Wir hören lieber eine Geschichte, als dass wir uns die oft unverständlichen theologischen Diskussionen über die Gottessohnschaft Jesu anhören. In dieser anrührenden Erzählung von der Geburt Jesu erahnen wir das Geheimnis dieses Menschen. Er ist ganz Mensch, aber er kommt von Gott. Er ist der Retter, nach dem sich die ganze Welt sehnt. In dieser Erzählung verbindet Lukas Himmel und Erde, menschliche Sehnsucht und göttliches Handeln. In der Art und Weise, wie Lukas die Geburt Jesu erzählt, bewirkt er in uns die Freude, die der Engel verkündet. Das Göttliche wird durch menschliche Worte sichtbar und greifbar.

Hier taucht zum ersten Mal das Wort »heute« auf. Sieben Mal wird es Lukas in seinem Evangelium bringen. Das, was damals geschah, geschieht für uns heute, wenn wir die Geschichte des Lukas lesen. Wir haben »heute« teil an dem Schauspiel, das Lukas uns beschreibt. Wir schauen auf das, was in Worten uns vor Augen gemalt wird. Und indem wir schauen, werden wir eins mit dem Geschauten. Wir werden Augenzeugen des Geschehenen, Zuschauer des göttlichen Schauspiels, wenn uns die Worte in der Liturgie verkündet werden und wenn wir uns in der Liturgie in das Geschehen hineinspielen, damit wir im Schauen und im Spielen verwandelt werden und als Verwandelte nach Hause gehen. Das »Heute« spricht Lukas in unser aller Sehnsucht hinein. Heute will an uns geschehen, was damals die Hirten erlebt haben. Heute soll unsere Sehnsucht erfüllt werden.

Neben dem Engel der Verkündigung erscheint ein ganzes Heer von Engeln, die Gott loben und singen: »Verherrlicht ist Gott in der Höhe, und auf Erden ist Friede bei den Menschen seiner Gnade.« (Lk 2,14) Durch die Geburt Jesu werden Himmel und Erde miteinander verbunden. Gottes Herrlichkeit erscheint in der Höhe. Und in der Tiefe, auf der Erde, erscheint in Jesus Gottes Friede. Es ist ein Paradox: Indem ein Kind im Stall geboren wird, leuchtet im Himmel Gottes Herrlichkeit vor den Engeln auf. Der Widerschein der Herrlichkeit Gottes auf Erden ist der Friede. »Eirene = Friede« meint dabei nicht nur die Beseitigung von Krieg und Streit, sondern das Heil, das Gott wirkt. Das hebräische Wort »shalom« meint den Zustand des Menschen, so wie er eigentlich sein soll. Gott stellt in der Geburt Jesu den Menschen wieder so her, wie er eigentlich gedacht war. Das griechische Wort »eirene« meint die Ruhe, die Seelenruhe. Wenn Gott Mensch wird, kommt der Mensch in seinem unruhigen Herzen zur Ruhe. Da wird seine Sehnsucht erfüllt. Und »eirene« bezieht sich auch auf die Harmonie. Alles stimmt zusammen. In der Geburt Jesu stimmen Gott und Mensch zusammen, Himmel und Erde. Es gibt einen Einklang zwischen Gott und Mensch, zwischen Geist und Materie, zwischen Engeln und Menschen. Dieser Friede, die Ruhe, die Harmonie sind den Menschen des göttlichen Wohlgefallens zugesprochen. »Eudokia« meint das Wohlgefallen Gottes, die liebevolle Bewegung Gottes zum Menschen hin. Es drückt das göttliche Wohlwollen den Menschen gegenüber aus und nicht »Gottes anerkennendes Wohlgefallen« (Schürmann, S. 115). In diesem Wort klingt das Gottesbild des Lukas an, das »stark affektiv geprägt« ist (Bovon, S. 129). Gott hat in Jesu Geburt den Menschen seine Liebe gezeigt, um durch seine Tat der Liebe im Menschen Gegenliebe hervorzurufen. Eudokia drückt aus, dass Gott immer schon in Beziehung zum Menschen steht und durch die Geburt seines Sohnes diese Beziehung vertiefen möchte.

Auf das Loblied der Engel machen sich die Hirten auf, um das Kind in der Krippe anzusehen. Die Hirten und Maria sind Vorbild für unseren Glauben, mit dem wir auf den Besuch Gottes bei den Menschen in der Geburt Jesu antworten sollen. Die Hirten sehen, was ihnen der Engel verheißen hatte. Und sie deuten das Gesehene durch das Wort, das sie gehört haben. Maria nimmt die Worte in ihrem Herzen auf, sie deutet sie, um zu verstehen, was geschehen ist. Aber es geht nicht um ein intellektuelles Verstehen, sondern um ein Bewegen des göttlichen Wortes im Herzen, um eine klare und richtige Interpretation des göttlichen Handelns auf der Ebene des Gefühls. So sollen wir die Geschichte von der Geburt Jesu in unserem Herzen erwägen. Wir sollen sie hin- und herbewegen, bis sich unser Gefühl einschwingt in das Geheimnis der göttlichen Liebe, die in der Geburt Jesu in die Geschichte eingebrochen und für uns alle sichtbar erschienen ist.

Simeon und Hanna

Aber nicht nur die Hirten und Maria sind Vorbild für die gläubige Annahme des Gottessohnes Jesus Christus. Lukas, der Erzähler, übernimmt noch ein anderes wichtiges Motiv, das sowohl bei den Griechen wie bei den Juden beliebt ist: der Greis, der noch etwas Besonderes erlebt. Lukas liebt Begegnungen zwischen Menschen, die Gott selbst initiiert. In solchen Begegnungen wird das Geheimnis Gottes für den Menschen erfahrbar. Für Lukas, den Griechen, sind es immer Begegnungen mit Männern und Frauen. Beide gemeinsam erfassen das Geschehen und erkennen darin Gottes Wirken. Aber es ist nicht nur die Polarität von Mann und Frau, die in dieser Geschichte zum

Tragen kommt. Es ist auch der Gegensatz von Gesetz und Evangelium, von Freude und Leid, von Aufgerichtetwerden und dem Schmerz, den Jesus seiner Mutter bereiten wird. Es ist keine heile Welt, die Maria erwartet. In die Freude über ihren Sohn, den Gesalbten Gottes, mischt sich der Schmerz über das Schicksal, das er erleiden wird. Hier zeigt Lukas die Gegensätzlichkeit unserer eigenen Seele auf. Auch wir erfahren Gott als den, der unser Herz erfreut, aber auch als den Unverständlichen, als den, der in uns Widerspruch hervorruft und uns eine schmerzliche Wandlung zumutet.

Maria und Josef erfüllen das Gesetz des Mose, indem sie das Kind nach Jerusalem bringen, um es dem Herrn zu weihen. Doch das Gesetz ist nur der Übergang zur Gnade Gottes, die in Christus erschienen ist. Mitten im vorgegebenen Ritus geschieht das Überraschende: die Begegnung mit Simeon und Hanna. Lukas spekuliert nicht über das Verhältnis von Gesetz und Gnade, sondern er bringt es durch seine Erzählung zum Ausdruck. Es ist eine Geschichte, die viele Herzen angerührt hat. Origines hat allein vier Predigten über diesen Text gehalten. So sehr war er davon fasziniert. Lukas erzählt nicht nur das Geheimnis Jesu, das Simeon in seinem Loblied besingt. Er führt uns Simeon auch als Vorbild vor Augen. Simeon ist Bild für den Menschen, der angesichts des Todes dankbar zurückblicken kann auf sein Leben. Denn wenn wir Christen sterben, dürfen wir bekennen: »Nun lässt du, Herr, deinen Knecht, wie du gesagt hast, in Frieden scheiden. Denn meine Augen haben das Heil gesehen, das du vor allen Völkern bereitet hast.« (Lk 2,29 f) Nach dem Hymnus schildert Lukas den Widerspruch im Herzen des Simeon, aber auch in uns allen. Jesus ist für uns Frieden und Licht, aber auch Schwert und Leiden. Maria wird ein Schwert durchdringen. Sie wird teilhaben am Leiden Jesu. Jesus bringt nicht nur Heil, sondern auch Gericht.

Durch ihn werden die Gedanken der Menschen offenbar. Da wird sichtbar, wie sich Menschen gegenüber Gott verschließen. In dieser Spannung zwischen Licht und Leiden deutet Lukas an, dass er nicht nur eine einfache Erzählung schreibt, sondern eine Tragödie im Sinn der griechischen Tragödie, die ja auch den Sinn hatte, durch die verschiedenen Emotionen die Gefühle der Menschen anzusprechen und zu läutern.

Neben Simeon erscheint Hanna. Während Simeon als ein frommer und gerechter Mann beschrieben wird, wird Hanna Prophetin genannt. Der Mann allein repräsentiert nie den Glauben, wie ihn Lukas versteht. Ihm muss immer eine Frau gegenübergestellt werden, die einen anderen Aspekt der gläubigen Aufnahme Jesu zum Ausdruck bringt. Den Mann hatte Lukas als gerecht und fromm beschrieben. Den Charakter der Frau erhellt uns Lukas, indem er die Geschichte ihres Lebens und ihr gegenwärtiges Tun beschreibt. Das ist die Kunst des Schriftstellers, der abwechselt zwischen Beschreiben und Erzählen. Hanna hat alle drei Stadien des Frauseins durchlebt: Jungfernschaft, Ehefrau und Witwe. Sie ist eine betende Frau. Sie hält sich ständig im Tempel auf. Und sie ist Prophetin. Sie sieht tiefer. Sie erblickt das, was Gott in Jesus tut. In Jesus wird die Erlösung, nach der sich die frommen Israeliten sehnen, für alle Menschen Wirklichkeit. Da werden die Menschen befreit aus ihrer Gefangenschaft, befreit von ihrer Entfremdung. Da werden sie zu freien Menschen, so wie Gott sie bei seiner Erschaffung gedacht hat.

Nach der Begegnung mit Simeon und Hanna kehren Maria und Josef mit Jesus von Jerusalem zurück in ihre Heimat, in den Alltag von Nazareth. »Das Kind wuchs heran und wurde kräftig; Gott erfüllte es mit Weisheit, und seine Gnade ruhte auf ihm.« (Lk 2,40) Lukas liebt das Wort »charis = Gnade«. Er gebraucht das Wort im griechischen Sinn: »Charis ist etwas, was Freude bringt ... Charis ist Liebreiz, Anmut, Grazie, etwas, was angenehm berührt ... es geht um das Erfreuliche und Ergötzliche, das von Eleganz, Schönheit und Anmut ausgeht. In diesem Sinn ist charis die Äußerung eines typisch griechischen Lebensgefühls.« (Schillebeeckx, S. 93) Jesus gefällt als heranwachsendes Kind jedem wegen seiner Weisheit und wegen seines angenehmen Wesens, wegen seiner Schönheit und Anmut.

Doch nach diesem idealen Bild des heranwachsenden Jesus bringt Lukas sofort den Gegenpol. Jesus ist nicht das liebevolle und pflegeleichte Kind. In der Erzählung vom zwölfjährigen Jesus im Tempel schildert uns Lukas den ersten Familienkonflikt. Jesus macht sich selbstständig. Er kehrt nicht mit seinen Eltern nach Jerusalem zurück. Als sie ihn nach drei Tagen vergeblicher Suche im Tempel finden, sitzt er mitten unter den Lehrern, hört ihnen zu und stellt ihnen Fragen (Lk 2,46). Im Wort Marias klingen der Vorwurf und der Schmerz mit, den ihr Sohn ihr bereitet hat: »Kind, wie konntest du uns das antun? Dein Vater und ich haben dich voll Angst (mit Schmerzen) gesucht.« (Lk 2,48) Die Antwort Jesu bleibt den Eltern unverständlich. Jesus nennt Gott seinen Vater. Ihm gehört er, nicht seinen Eltern. Hier spricht Jesus zum ersten Mal im Lukasevangelium von Gott als seinem Vater. Die Eltern müssen das Fremdsein ihres Kindes akzeptieren. Es ist nicht die heile Familie, die Lukas hier schildert, sondern eine Familie mit den Konflikten, die wir alle kennen: dem Leiden am Anderssein der Kinder, dem schmerzlichen Loslassen des Kindes, dem Nichtverstehen seines Weges. Doch auf diesen Pubertätskonflikt folgt wieder die Beschreibung eines Idealbildes: »Jesus aber wuchs heran, und seine Weisheit nahm zu, und er fand Gefallen bei Gott und den Menschen.« (Lk 2,52) Ideal und Realität wechseln sich ab. Beide Pole gehören zu Jesus, beide Pole gehören auch zu uns. Nur in der Spannung von Nähe und Distanz, von Verstehen und Nicht-verstehen, von Gemeinschaft und Entfremdung wachsen wir in die Gestalt, die Gott gefällt und die unserer inneren Schönheit (charis) entspricht.

Es ist eine kunstvolle Erzählung, mit der Lukas uns die Geschichte von der Geburt Jesu vor Augen führt. In den wenigen Anmerkungen, die ich dazu gemacht habe, möchte ich den Leser neugierig machen auf den begnade-ten Schriftsteller Lukas, der in gleicher Weise jüdische wie griechische Leser anspricht, der jenseits aller religiösen und kulturellen Tradition mit seinen Worten direkt das Herz des Menschen berührt und in ihm eine Ahnung für das Geheimnis Gottes weckt. Lukas trägt nie zu dick auf. Er hat ein feines Gespür für die jeweilige Situation, die er schildert. Und er erzählt das Geschehen so, dass wir seine tiefere Bedeutung erahnen. Nur verhalten und vorsichtig bietet er uns die Bilder an, damit wir durch sie hindurch auf den Grund des göttlichen Geheimnisses schauen. Wir werden uns nie satt sehen an diesen Bildern. In jeder Si-tuation werden uns neue Fassetten der göttlichen Liebe aufgehen, wenn wir uns auf die Erzählung von der Ge-burt und Kindheit Jesu einlassen.

Es ist nicht nur schriftstellerische Kunst, die Lukas dazu bewegt, jeweils zwei Paare und zwei Pole einander gegenüber zu stellen. Da sind Jesus und Johannes, Maria und Elisabeth. Da sind Maria und Josef, Maria und die Hirten, und schließlich Simeon und Hanna. Da sind die Erfüllung der kaiserlichen Vorschrift und das unvermu-tete Ereignis der Gnade Gottes, der gesetzlich vorge-schriebene Ritus der Reinigung und das Aufleuchten des Evangeliums in der Verheißung des Simeon. Da ist Jesus das Heil aller Völker und zugleich der Widerspruch, an dem sich die Menschen reiben. Diese Polarität gibt der Erzählung des Lukas die Spannung. Man kann diese er-zählerische Kunstfertigkeit aber auch tiefenpsychologisch deuten. Dann zeigt Lukas, dass wir immer beide Pole in uns verbinden müssen, damit etwas Neues geboren werden und Christus in uns wachsen kann. Wir müssen anima und animus, das Männliche und das Weibliche, in uns verbinden, das Alte und das Junge, Gesetz und Gnade, Zustimmung und Widerspruch. Wie Maria müssen wir all das Gegensätzliche in uns hin- und herbewegen, es zulassen und verstehen. Dann wird Christus uns zum Heil werden, dann wird er unsere Zerrissenheit heilen und uns gerecht machen, zu dem Menschen formen, der dem ursprünglichen Bild Gottes entspricht, der richtig ist und aufrecht.

Krankheit und Heilung bei Lukas

Die Tradition sah in Lukas auch den Arzt, weil er die ärztliche Sprache beherrscht. In keinem anderen Evangelium kommen die Worte »iaomai = heilen« und »therapeuein = gesundmachen« so häufig vor wie bei Lukas. Christus ist der, der den Menschen Heil bringt, der ihre Wunden heilt. Dabei entwickelt Lukas sein Verständnis von Krankheit und Heilung vom griechischen Menschenbild her. Für die Griechen war das Ideal des Menschen der »kalos kagathos = der schöne und gute Mensch«. Ausdruck der Schönheit und des Gutseins war die Gesundheit. Eine gesunde Seele wohnt in einem gesunden Leib (mens sana in corpore sano). Der gesunde Mensch ist nach Plato der, bei dem der Körper und alle Seelenteile in Harmonie miteinander leben. Zur Gesundheit gehört auch die Moral. Und es bedarf des rechten Maßes. Wer nur um seine Gesundheit kreist wie die Athleten, der ist in Wahrheit nicht gesund. Das Entscheidende ist, dass beim gesunden Menschen alles im richtigen Maß ist. Wenn der Mensch krank ist, wird seine Würde beeinträchtigt und wird die Harmonie seiner Seelenteile zerstört. Heilung ist daher Wiederherstellung der menschlichen Würde und Harmonie. Das wird deutlich, wenn wir die beiden Heilungsgeschichten deuten, die nur Lukas erzählt: die Heilung der gekrümmten Frau und die Heilung des Wassersüchtigen. Beide Heilungen geschehen am Sabbat. Sabbat ist der Tag, an dem Gott von seinen Werken ausruhte und sah, dass die Schöpfung gut war. Heilung ist für Lukas Wiederherstellung der guten Schöpfung. Wenn Jesus einen Menschen heilt, so vollendet er das Werk des Vaters, so macht er sichtbar, wie der Mensch aus Gottes Hand gedacht war. In dieser Verbindung des griechischen Menschenbildes mit dem biblischen Gedanken der ursprünglichen Schönheit und Gutheit der Schöpfung zeigt sich die Meisterschaft des Schriftstellers und Theologen Lukas. Er verkündet seine Botschaft so, dass sie Juden wie Griechen in gleicher Weise verstehen und lieb gewinnen. Und er bietet damit auch uns heute eine Sicht von Krankheit und Heilung an, die wir verstehen. Die Psychologie hat heute neu die Verbindung von Leib und Seele entdeckt. Viele Krankheiten sind psychosomatisch. Sie betreffen den Leib und die Seele. Die Heilung setzt nie nur am Leib an, sondern stellt auch die Seele wieder her. Es geht immer um den ganzen Menschen, dass er wieder in die Gestalt hineinkommt, die ihm von Gott her zukommt. Durch die Krankheit wurde seine ursprüngliche und unversehrte Gestalt deformiert. Heilung ist Neugestaltung, Ausrichtung nach dem Ursprünglichen und Eigentlichen im Menschen.

Die Heilung der gekrümmten Frau

Jesus lehrt in einer Synagoge: »Und siehe, da war eine Frau, die einen Geist der Krankheit hatte, achtzehn Jahre lang, und sie war zusammengekrümmt und unfähig, sich wieder ganz aufzurichten. Als Jesus sie sah, rief er sie zu sich und sprach zu ihr: Frau, du bist losgebunden von deiner Krankheit, und er legte ihr die Hände auf, und sie wurde mit einem Schlag aufgerichtet und pries Gott.« (Lk 13,11–13 in der Übersetzung von Bovon) Der seltsame Ausdruck »Geist der Krankheit« meint wohl, dass die Krankheit nicht rein körperlich war, sondern eine psychische Grundhaltung ausdrückt. Die körperliche Krankheit zeigt den Geist, der die Frau bestimmt. Es ist ein

Geist, der sie klein macht, sie krümmt und blockiert. Die Frau ist gekrümmt, weil sie von der Last des Lebens erdrückt wird, weil sie sich resigniert hängen lässt. Sie geht traurig und depressiv einher. Wer so zusammengekrümmt geht, wird depressiv. Sein Atem geht flach. Und sein Gesicht verliert seine ursprüngliche Schönheit. Der gekrümmte Rücken könnte auch auf nicht zugelassene Gefühle hinweisen. Manche tragen einen ganzen Rucksack voll eingeschnürter Gefühle mit sich herum. Sie missbrauchen ihren Rücken als Müllabladeplatz für die unterdrückten Emotionen. Sie leiden lieber an Rückenschmerzen, als mit ihren Gefühlen in Berührung zu kommen.

Vielleicht ist die Frau auch unterdrückt worden. Vielleicht hat man ihr das Rückgrat gebrochen. Sie ist unfähig, sich aus eigener Kraft aufzurichten. Sie kann nicht aufrecht gehen. Sie kann nicht zu sich stehen. Das griechische Wort »panteles = vollständig, absolut, für immer« drückt aus, dass die Krankheit unheilbar ist, dass diese Frau sich nie mehr aufrichten kann. Sie kann nicht mehr nach oben sehen. Sie ist von ihrem Kontakt mit Gott abgeschnitten. Sie richtet ihren Blick nur noch auf den Boden, auf das Niedrige. Sie hat einen engen Horizont, und sie hat ihre menschliche Würde, ihre Weite und Freiheit, verloren. Und das schon achtzehn Jahre lang. Wenn man achtzehn als symbolische Zahl versteht, so könnte man sagen: Zehn ist die Zahl der Ganzheit, der Integrität eines Menschen. Die Frau hat ihre Ganzheit, ihre ursprüngliche Schönheit und Gutheit, verloren. Acht ist die Zahl der Ewigkeit und Unendlichkeit. Die Taufbecken in der frühen Kirche sind achteckig. Sie zeigen, dass der Christ in der Taufe teilhat am ewigen Leben Gottes. Die Frau, die achtzehn Jahre lang krank ist, hat ihren Kontakt zu Gott verloren. Sie kann nicht mehr zu Gott aufblicken. Ihr Blick ist verdunkelt.

In dieser gekrümmten Frau sieht Lukas das Bild des unterdrückten, gebrochenen, in seiner Würde beeinträchtigten Menschen. Und er zeigt uns, wie Jesus nicht nur diese Frau, sondern uns heute zu heilen vermag. Jesus nimmt diese Frau wahr. Er sieht sie an und schenkt ihr somit Ansehen. Jesus ist nicht gleichgültig gegenüber dem Elend der Menschen. Er wendet sich der Frau zu. Lukas erwähnt hier nicht das Gefühl der Barmherzigkeit Jesu, sondern er bringt durch die Erzählung die Gefühle Jesu zum Ausdruck. In seinem Tun zeigt sich, wie zärtlich und liebevoll er mit der Frau umgeht. Nachdem er die Frau in ihrer Not und Unterdrückung wahrgenommen hat, spricht er sie an. Das griechische Wort »prosphono = anreden, beim Namen nennen, zurufen« drückt die Beziehung aus, die Jesus zu der Frau herstellt. Er spricht zu ihr. Er meint sie mit seinen Worten. Er lockt sie aus ihrer Isolierung heraus, in die sie sich zurückgezogen hat, wohl aus Scham vor den gesunden Menschen. Die Frau lässt sich von Jesus in Bewegung bringen. Jesus hat offensichtlich die Fähigkeit, einen Menschen so anzusprechen, dass er ihn berührt und bewegt. Als die Frau vor ihm erscheint, spricht er sie an: »Frau, du bist losgebunden von deiner Krankheit.« Er spricht ihr die Heilung und Befreiung zu. In der Nähe Jesu kann der Mensch nicht mehr gebunden sein, da wird er frei, da findet er zu seiner Würde. Der aufrechte Mann Jesus richtet die unterdrückte Frau auf und setzt sie in ihre einmalige und göttliche Würde ein. Das drückt Jesus durch die Handauflegung aus. Im Lukasevangelium und in der Apostelgeschichte ist die Handauflegung entweder Vermittlung des Heilens oder Herabrufen des Heiligen Geistes. Beides gehört zusammen. Durch die Handauflegung strömt Gottes Heiliger Geist in die Frau. Der Heilige Geist ist immer auch ein heilender Geist. Und er verkörpert die Kraft Gottes, die die Schwäche der Frau vertreibt. Auch die Jünger sollen den Menschen die Hände auflegen und ihnen so die heilende Kraft Gottes vermitteln und sie dadurch aus der Macht des Satans befreien. Die Menschen sollen nicht mehr von ihren alten Lebensmustern bestimmt werden, sondern von der heilenden und befreienden Kraft Gottes, von der Liebe Gottes, die ihnen in Jesus zuströmt und sie so sein lässt, wie sie ursprünglich von Gott gemeint sind. Als Jesus die Frau berührt, richtet sie sich im selben Augenblick auf. Sie stellt sich aufrecht hin und lobt Gott. Nun ist die Achtzehn verwirklicht. Sie ist ganz geworden, und sie hat wieder Kontakt zu Gott gefunden. Das griechische Wort für »Aufrichten = anortho« wird auch für das »Wiederaufbauen« eines Hauses benutzt. Jesus ist der, der die Menschen wieder aufrichtet, wiederherstellt in ihrer ursprünglichen Schönheit, der ihr Lebenshaus so aufbaut, dass Gott darin mit seiner Herrlichkeit wohnen mag.

Auf die Heilung der gekrümmten Frau reagiert der Synagogenvorsteher mit Ärger. Am Sabbat sollte man nicht arbeiten. Er interpretiert die Heilung der Frau als Arbeit eines Menschen. Jesus sieht darin Gottes Wirken. Der Synagogenvorsteher übertreibt in seiner Deutung des Gesetzes. Das Gesetz ist wichtiger als der Mensch. Jesus entkräftet seine rigide Haltung mit dem Hinweis auf die Tiere, die man von der Krippe löst und zur Tränke führt. Das Lösen von Ochs und Esel erlaubt auch, den Menschen von seinen Fesseln zu lösen. Gott ist für Lukas vor allem der Löser, der sein Volk aus der Knechtschaft erlöst, der den Menschen wieder so herstellt, wie er von Gott geschaffen worden ist. Der Sabbat erinnert an die Schöpfung. Am siebten Tag ruht Gott aus von seiner Schöpfung. Da betrachtet er sie in seinem Glanz. Für Lukas ist die beste Art und Weise, den Sabbat zu feiern, den Menschen in seine ursprüngliche Gestalt hinein aufzurichten, sich über die göttliche Würde zu freuen und Gott, den Schöpfer menschlicher Schönheit, zu preisen. Die Reaktion des Volkes ist die Freude »über all die großen Taten, die er vollbrachte« (Lk 13,17). Die Menschen reagieren auf Jesu Angebot der Erlösung immer mit Freude. Jesus spricht nicht über die Freude, sein Tun löst bei den Menschen Freude aus. Lukas erzählt die Heilung der gekrümmten Frau so, dass der, der sich ganz auf diesen Text einlässt, aufrechter seinen Weg gehen wird. Die Befreiung, die im Text geschildert wird, wird auf den Leser und Hörer übergreifen, sodass er sich seiner göttlichen Würde freuen und aufrecht nach Hause gehen kann.

Die Heilung des Wassersüchtigen

Auch die zweite Heilung, die nur bei Lukas zu finden ist, geschieht am Sabbat: die Heilung des Wassersüchtigen (Lk 14,1–6). Hier ist die Heilung nur kurz dargestellt. Entscheidend ist der Gedanke, dass Heilung nicht menschliche Arbeit ist, sondern göttliches Wirken. Wassersucht wird von griechischen Ärzten immer wieder genannt. Allein der berühmte Arzt Galen spricht achtundvierzig Mal von der Wassersucht und gibt verschiedene Rezepte an, sie zu heilen (vgl. Bovon, S. 471). Wassersucht zeigt sich in Schwellungen vor allem des Bauches. Sie schwächt das Herz und kann zum plötzlichen Tod führen. In der jüdischen Tradition wird Wassersucht meistens als Folge von sexueller Ausschweifung, von Verleumdung und von Götzendienst (goldenes Kalb) gesehen. Nach rabbinischer Auffassung ist der Mensch aus Wasser und Blut zusammengesetzt. Wer sein Gleichgewicht verliert, weil er aus der Tugend herausfällt, der wird entweder wassersüchtig oder aussätzig, Letzteres, wenn das Blut überhand nimmt (vgl. Bovon, S. 472). Wir würden heute sagen: Wenn der Mensch sein Maß verliert, wenn er sich überfordert, dann reagiert auch sein Körper chaotisch. Die Ordnung der verschiedenen Säfte gerät durcheinander. Es geht hier also um das rechte Maß. Der Mensch ist gesund, wenn er seinem Wesen entsprechend lebt. Wenn er maßlos wird, wird er krank. Heilung heißt, das richtige Maß wieder zu entdecken und zu leben.

Jesus fragt die Gesetzeslehrer und Pharisäer: »Ist es erlaubt, am Sabbat zu heilen oder nicht?« Mit dieser Frage zielt Jesus auf die richtige Interpretation des Sabbats und der Heilung. Was gehört zum Sabbat? Und worin besteht das Heilen? Für Jesus ist der Sabbat »ein Tag, an dem Werke nach dem Bild der Werke Gottes geschaffen werden« (Bovon, S. 474). Und Heilen ist das Werk Gottes, nicht menschliche Arbeit. Als die Pharisäer auf die Frage Jesu schweigen, handelt er im Sinne Gottes: »Er fasste ihn an, heilte ihn und entließ ihn.« (Lk 14,4) Jesus ergreift die Hand des Kranken, er nimmt sich seiner an, um ihm zu helfen. Und dann bringt Lukas das wesentliche Wort für Jesu heilendes Wirken: »iasato = er heilte«. Fünfzehn Mal gebraucht Lukas dieses Wort. Jesus ist der Arzt, der die Menschen wieder so herstellt, wie sie von Gott her gedacht sind. Er ist der Therapeut, der die Menschen, die aus ihrem Gleichgewicht gefallen sind, zu ihrem Maß zurückführt. Das dritte Wort des heilenden Handelns ist »apolyo = befreien, lösen, entlassen«. Schon bei der Heilung der gekrümmten Frau hat Lukas dieses Wort verwendet. Heilen ist Befreien des Menschen, Lösen aus den Banden der Krankheit und aus den Fesseln der Dämonen. Hier heißt das Wort »entlassen«. Jesus entlässt den Kranken. Er darf nun seinen eigenen Weg gehen. Aber Lukas liebt die Mehrdeutigkeit der Worte. Bei ihm spielt sicher auch die Bedeutung des Lösens und Befreiens mit. Der geheilte Mensch ist immer auch der befreite und von allen Blockaden gelöste und erlöste Mensch. Krankheit ist Gebundensein. Jede Gebundenheit an Lebensmuster, Gewohnheiten, Zwänge, auch jedes Gebundensein an Menschen löst in uns eine negative Energie aus, uns selbst und den anderen gegenüber. Heilung bedeutet Befreiung von aller Gebundenheit und so das Auflösen der inneren Negativität. Dieses Freisein von Gebundensein befähigt uns zur Verbundenheit, zu einer guten Beziehung, zur Freundschaft. Die Beziehungsfähigkeit, die Fähigkeit, in guter Weise verbunden zu sein, gehört wesentlich zur Gesundheit. Und für den Griechen ist gerade die Befähigung zur Freundschaft wesentlich für sein Bild vom schönen und guten Menschen.

Gott hat den Menschen frei und aufrecht geschaffen. So stellt ihn Jesus am Sabbat wieder her und zeigt auf diese Weise, wie der Mensch von Gott her gemeint ist. Lukas verbindet Schöpfungstheologie und Erlösungstheologie. Erlösung heißt: die Schöpfung in ihrem wahren Glanz erscheinen lassen. Der Mensch ist von Gott gut geschaffen. Aber er ist krank geworden, gefesselt an seine Leidenschaften, gebunden an seine Bedürfnisse. Jesus befreit den Menschen und richtet ihn wieder auf. Er macht ihn ganz und heil, schön und gut. Wenn Jesus den Menschen heilt, stellt er ihn so wieder her, wie Gott ihn in seiner ursprünglichen Schönheit und in seinem Gutsein geschaffen hat. Daher geschehen die wichtigsten Heilungen Jesu bei Lukas am Sabbat, an dem Gott von seiner Schöpfung ausruht. Aber es ist noch ein anderer Grund, warum Lukas diese Sabbatheilungen in den Mittelpunkt seiner Theologie des Heilens stellt. Am Sonntag kommen die Christen zusammen, um miteinander das Brot zu brechen und im Gottesdienst den zu feiern, der damals in der Geschichte die Menschen geheilt und aufgerichtet hat. In der Liturgie wird das heilende Wirken Jesu gegenwärtig. Daher lässt Lukas die Menschen auf die Heilung des Gelähmten reagieren mit dem Wort: »Heute haben wir etwas Unglaubliches gesehen.« (Lk 5,26) Was damals geschah, geschieht »heute«, wenn die Christen zum sonntäglichen Gottesdienst zusammen kommen. Die Eucharistie ist der Ort der Heilung. Und die Lesung, die Meditation der biblischen Erzählung kann zum Ort werden, an dem wir als Leser hineingenommen werden in das Schauspiel der Heilung, das Lukas uns mit seinen Worten vor Augen führt.

Die Sendung Jesu als Arzt

Wie Lukas die Krankenheilung versteht, zeigt er auch in seiner Schilderung des Auftretens Jesu. Bevor Lukas die ersten Heilungswunder berichtet, erzählt er die Szene in der Synagoge von Nazareth. Lukas erhöht die Spannung der Zuhörer, indem er ausführlich schildert, wie Jesus aufsteht, wie man ihm das Buch reicht und wie er es öffnet und darin die Stelle mit den Worten des Propheten Jesaja findet: »Der Geist des Herrn ruht auf mir; denn er hat mich gesalbt. Er hat mich gesandt, damit ich den Armen die gute Nachricht bringe; damit ich den Gefangenen die Entlassung verkünde und den Blinden das Augenlicht, damit ich die Zerschlagenen in Freiheit setze und ein Gnadenjahr des Herrn ausrufe.« (Lk 4,18 f)

In diesen Worten des Propheten Jesaja formuliert Jesus sein eigenes Programm. Interessant ist, dass Lukas hier zwei Texte miteinander vermischt, den messianischen Text aus Jesaja 61,1f und den Satz »damit ich die Zerschlagenen in Freiheit setze« aus Jesaja 58,6. In diesem Text ist vom richtigen Fasten die Rede, vom Fasten, wie Gott es liebt.

Lukas hat das nicht zufällig so zusammengestellt. Jesus erfüllt die Aufgaben des Messias. Er ist der, der in seiner Frömmigkeit Gott gefällt. Und Lukas drückt mit dieser Kombination der beiden Texte aus, dass wir als die Jünger Jesu die Aufgabe haben, Niedergebeugte in Freiheit zu setzen, denen, die verletzt, zerschlagen, unterdrückt, ermattet sind, den Weg in die Freiheit zu ebnen.

Jesus versteht sich als einen, der vom Geist Gottes erfüllt ist. Und seine Aufgabe sieht er darin, Armen die Frohe Botschaft zu verkünden. Diese Armen sind auf der einen Seite die wirtschaftlich Armen und sozial Entrechteten, zum anderen aber auch die Gefangenen, Blinden und Zerschlagenen. Wenn Jesus Menschen heilt, dann versteht das Lukas als Befreiung von den Fesseln, die sie gefangen halten. Als Beispiel für die Heilung der Kranken bringt Lukas hier nur die Blinden. Denen will Jesus das »Wieder-Sehen« schenken, oder wie es wörtlich heißt: »das Aufblicken«. Die, die ihre Augen vor der Wirklichkeit verschlossen haben, sollen wieder aufblicken. Sie sollen die Schönheit der Welt mit ihren Augen entdecken. Es ist eigenartig, dass Lukas hier nur das Sehen betont. Aber das Sehen ist für die Griechen der wichtigste Sinn. Gott ist für die Griechen der, der geschaut wird. (Theos kommt von theastai, Gott von Geschautwerden.) Der Mensch erlebt seine Würde im Schauen. Doch oft genug ist sein Sehen verschwommen. Der Mensch sieht die Wirklichkeit durch die getrübte Brille seiner Projektionen oder seiner neurotischen Muster. Sein Blick ist verzerrt durch die Illusionen, die er sich von der Welt macht. Wenn er fähig ist, zu sehen, was ist, aufzublicken, um sich frei umzusehen, dann ist er wirklich Mensch.

Jesus fasst seine Sendung zusammen im Ausrufen des Gnadenjahres. Das Gnadenjahr ist das jüdische Jubeljahr. In diesem Jahr, das immer nach neunundvierzig Jahren stattfand, sollten die Israeliten alle Sklaven freilassen, alle Schulden erlassen und die Felder brach liegen lassen. Das sind wunderbare Bilder für das Wirken Jesu. Wo Jesus auftritt, da werden Sklaven freigelassen, da können in sich versklavte Menschen aus dem inneren Gefängnis ihrer Angst und Fremdbestimmung ausbrechen und ihre menschliche Würde wieder finden. Lukas schildert die Freilassung der Sklaven während der ersten Heilung, die er direkt an die Erzählung vom Auftreten Jesu in der Synagoge zu Nazareth anschließt. Da erzählt er, wie ein Mann in der Synagoge von Kafarnaum saß, »der von einem Dämon, einem unreinen Geist besessen war« (Lk 4,31). Dämonen stehen für die Fremdbestimmung des Menschen durch Leid, Unterdrückung, Mobbing, neurotische Muster, Zwänge, fixe Ideen. Menschen können von solchen Mächten so besessen sein, »dass sie gar nicht mehr sie selber sein können, sondern ihre Sprache, ihre Identität, ihre Persönlichkeit verlieren und sich selbst und ihrer Umwelt völlig entfremdet sind« (Venetz, S. 67). Ihr Denken ist getrübt durch Vorurteile, Bitterkeit, Angst und Eifersucht. Heilung bedeutet für Lukas, dass die Menschen wieder klar sehen können, dass sie befreit werden von allen sie versklavenden Dämonen.

Wo Jesus seine gute Nachricht von der Nähe des gütigen Gottes verkündet, da fühlen sich die Menschen frei von ihrer Schuld. Da trauen sich Sünder, Jesus nahe zu kommen und ihn um Vergebung zu bitten. Da erleben sie sich trotz ihrer Schuld bedingungslos angenommen. Diese Erfahrung lässt Lukas in die Herzen seiner Leser fallen durch die wunderbare Erzählung von der Sünderin, die es wagt, in das Haus des Pharisäers zu kommen, um dort Jesus die Füße zu salben (Lk 7,36–50). Wo Jesus auftritt, da entsteht ein Freiraum, in dem die Menschen wieder aufatmen können. Das ist wohl mit dem Bild gemeint, dass man die Felder brach liegen lässt. Jesus vermittelt den Menschen, dass sie nicht ständig an sich arbeiten müssen, sondern dass sie den Acker ihrer Seele auch einmal brach liegen lassen, dass sie vertrauen sollen, dass Gott seinen guten Samen da hinein sät. Dann wird von Gottes Gnade her der Acker hundertfache Frucht bringen.

Nach der Dämonenaustreibung in 4,33–37 schildert Lukas, wie Jesus die Schwiegermutter des Petrus heilt. Er beugt sich über sie, um ihr nahe zu sein, um ihr von seinem Geist mitzuteilen. In dieser Gebärde beschreibt Lukas die Zärtlichkeit, mit der Jesus sich der kranken Frau nähert. Und seine Geste verbindet er mit einem Wort. Er schilt das Fieber. Er personifiziert das Fieber, das die Frau beherrscht, und befiehlt, dass es die Frau verlasse. Die Frau wird sofort gesund. Sie steht auf und bedient Jesus. Nach der Heilung eines Mannes erzählt Lukas sofort die Heilung einer Frau. Für ihn ist es immer wichtig, dass Männer und Frauen gleichberechtigt nebeneinander erscheinen. Das hat er schon in seiner Antrittsrede in Nazareth gezeigt, wo Jesus auf den Syrer Naaman und auf die Witwe von Sarepta hinweist als Beispiele von Menschen, die durch die Propheten Heilung erfuhren.

Und dann erzählt Lukas das Wirken Jesu als Arzt. »Der gütige Messias übernimmt die Aufgabe des hellenistischen Arztes.« (Bovon, S. 225) Jesus wird so dargestellt, dass die Griechen ihn verstehen und lieben lernen. Er heilt die Menschen von ihren Krankheiten, er legt ihnen die Hände auf und teilt ihnen Gottes Geist und Kraft mit, die sie wieder herstellen und ihnen ihre ursprüngliche Gestalt wieder schenken. Jesus heilt aber nicht nur durch Berührung, sondern auch durch sein Wort, durch seine Lehre, in der er die Menschen nach Art griechischer Heilkunst die »Kunst des gesunden Lebens« lehrt. Dabei muss er wie der Arzt, den Sokrates im Gorgias schildert, den Menschen manch bittere Medizin verschreiben, die ihnen auf den ersten Blick gar nicht passt. Die Worte Jesu sind für Lukas Worte, die den Menschen zu seinem Heil führen, die ihn zu seinem wahren Wesen bringen. Jesus als Arzt und Therapeut, das ist ein Jesusbild, das die Menschen heute anspricht. Denn sie sehnen sich nach Heilung.

Bücher zur Lebenshilfe erfahren heute Hochkonjunktur. Und der Markt für Kurse, die uns die Heilung unserer Verletzungen verheißen, boomt. Lukas zeigt uns Jesus als Therapeuten, dessen Therapiemethoden heute genauso modern sind wie damals. Und er fordert uns Christen auf, in der Kraft des Geistes, der Jesus durchdrungen hat, auch heute Kranke zu heilen und Gebeugte wieder aufzurichten.

Gleichnisse Jesu

Jesus ist nicht nur Therapeut, sondern auch ein begnadeter Gleichniserzähler. In den Gleichnissen kann er am deutlichsten seine Sichtweise von Gott und vom Menschen darstellen. Gleichnisse haben die Funktion, den Menschen dort abzuholen, wo er steht. Oft erzählt Jesus in den Gleichnissen alltägliche Situationen, in die der Mensch geraten kann. Oder er schildert seine Arbeit in der Landwirtschaft. Offensichtlich konnte Jesus das konkrete Leben der Menschen so erzählen, dass er seine Zuhörer fesselte. Jesus spricht die Gefühle der Zuhörer an und zieht sie in seinen Bann. Doch dann auf einmal öffnet er ihren Blick auf Gott hin. Auf einmal geht es ihnen auf: »So ist Gott. So handelt Gott an uns.« Jesus spricht nicht abstrakt von Gott. Er fängt beim Menschen an. Er erzählt so vom Menschen und seinem Alltag, dass die Hörer verstehen können, wer Gott ist und wie Gott handelt. Es geht im Gleichnis immer um eine Verwandlung des Zuhörers und seiner Sichtweise und um die Hinführung zu einem neuen Gottesbild und Menschenbild. In den Gleichnissen begegnen wir Jesus in seiner urpersönlichen Art, von Gott zu erzählen. Lukas hat die Gleichnisse, die Jesus erzählt hat, so kunstvoll gestaltet, dass nicht nur die Griechen davon angesprochen wurden, sondern dass auch wir heute im Herzen berührt werden.

In den Gleichnissen spricht Jesus nicht nur von Gott und vom Menschen in seiner Beziehung zu Gott. Für den evangelischen Theologen Klaas Huizing sind die Gleichnisse authentische Selbstporträts Jesu. »Jesus hat sich in seinen Gleichnissen selbst porträtiert – und es war nicht zufällig Lukas, den die Ikonographie als Maler feiert, der diese Porträts am glücklichsten kopiert, genauer: die Miniaturen zum Gemälde ausgemalt hat.« (Huizing, S. 234) In den Gleichnissen begegnen wir also dem Menschen Jesus mit seiner persönlichen Ausstrahlung, mit seiner besonderen Art, zu denken und zu sprechen. Jesus spricht im Gleichnis nicht nur vom Gottesreich, sondern er setzt das Gottesreich gegenwärtig. Da kommt das Gottesreich in den Worten Jesu zu uns, da wird es erfahrbar, greifbar. Da geht der Himmel über uns auf, und wir verstehen, dass Gott jetzt an uns handelt. Da wird Gott in diesem Augenblick Fleisch. Da wird Gott Sprache. Da drückt sich Gott in der Sprache aus. Der Theologe Hans Weder meint, die Sprache der Gleichnisse sei nicht nur poetisch, sondern auch poietisch, das heißt sie schafft die Wirklichkeit neu. Sie lässt das Gottesreich beim Hörer oder Leser ankommen. Das Gottesreich gelangt durch das Bild der Gleichnisse zur Wirklichkeit (Huizing, S. 122).

Lukas hat uns das schönste Gleichnis überliefert, das wie kein anderes in der Literatur immer wieder nacherzählt und interpretiert wurde: das Gleichnis vom verlorenen Sohn, oder wie es manche nennen: das Gleichnis vom barmherzigen Vater. Neben den Gleichnissen, die Lukas aus Markus und Matthäus übernimmt, gibt es eine ganze Reihe von Gleichnissen, die sich nur im Lukasevangelium finden: das Gleichnis vom reichen Kornbauern (Lk 12, 13–21), das Gleichnis von der verlorenen Drachme (Lk 15,8–10), das Gleichnis vom klugen Verwalter (Lk 16, 1–8), das Gleichnis vom reichen Mann und vom armen Lazarus (Lk 16,19–31) und das Gleichnis vom gottlosen Richter und der Witwe (Lk 18,1–8). In diesen sogenannten Sondergleichnissen benutzt Lukas oft typisch griechische Stilmittel, vor allem das Mittel des Selbstgespräches. Der »innere Monolog« hat in der griechischen Literatur »die Funktion, den Charakter einer Person, ihre

Sorgen oder Absichten zu enthüllen« (Bovon II, S. 282). Dieses literarische Mittel finden wir vor allem in der antiken Romanliteratur und in den griechischen Komödien, etwa bei Mänander, Plautus und Terenz. Aber auch die Tragödien von Aischylos, Sophokles und Euripides benutzen den Monolog. Der innere Monolog hat im antiken Liebesroman die Funktion, die Anteilnahme des Lesers zu vertiefen. »Die Leser schlüpfen geradezu in die Rolle der im Roman handelnden Personen.« (Heininger, S. 49) Im Roman »Kallirhoe« sagt Artaxtares zu sich: »Prüfe, was dir möglich ist, o Seele! Komm zu dir selbst. Einen anderen Ratgeber hast du nicht.« (Ebd., S. 52) Das erinnert sehr an das Selbstgespräch des reichen Kornbauern mit seiner Seele. Bei der Komödie sind die Monologe des Schauspielers ein Dialog mit dem Zuschauer. Der Zuschauer wird in das Geschehen mit einbezogen. »Der Monolog schafft eine geheime und innige Gemeinschaft zwischen Zuschauer und handelnder Person, der Zuschauer wird hier gleichsam zum Vertrauten des Spielers.« (Ebd., S. 78)

Der innere Monolog beginnt mit einer Redeeinleitung. Oft genug ist es die Frage: »Was soll ich tun?« Dann folgt die Bestandsaufnahme. Die verschiedenen Möglichkeiten werden erörtert. Und zuletzt wird die Problemlösung präsentiert. Der innere Monolog will den Leser zu einem neuen Handeln bewegen, zur Umkehr, damit er sich auf den rechten Weg macht. Die Frage »Was sollen wir tun?« beschränkt sich bei Lukas jedoch nicht nur auf den inneren Monolog. So fragen vielmehr auch die Zöllner und Soldaten Johannes den Täufer (Lk 3,10.12.13). So reagieren auch die Bewohner Jerusalems auf die Pfingstpredigt des Petrus (Apg 2,38). Es ist die Grundfrage echter Philosophie. So sagt der stoische Philosoph Epiktet: »Was sollen wir tun? Das ist eben die Frage eines rechtschaffenen Jüngers der Philosophie, der die Geburtsschmerzen der Wahrheit fühlt.« (Ebd., S. 82) Lukas erfindet seine Gleichnisse nicht. Er nimmt vielmehr die Gleichniserzählungen Jesu auf und gestaltet sie literarisch so, dass sich die Griechen angesprochen fühlen. Er möchte seinen griechischen Lesern Jesus als einen Dichter vor Augen führen, der sie in das Geheimnis der menschlichen Seele einführt, der ihnen die geheimen Gedanken offenbart und sie die wahre Philosophie lehrt, die Weisheit Gottes, die zum wahren Leben führt.

Bei den Sondergleichnissen erkennen wir zudem die Tendenz des Lukas, neben Beispielen aus der Männerwelt immer auch solche aus der Welt der Frauen darzustellen. So schafft er neben dem Gleichnis vom verlorenen Schaf (Lk 15,3–7), das aus der Welt männlicher Hirten stammt, das Gleichnis von der verlorenen Drachme, in dem eine Frau die Hauptperson ist (Lk 15,8–10). Neben den klugen Verwalter (Lk 16,1–8) stellt Lukas die couragierte Witwe, die keine Angst vor dem gottlosen Richter hat (Lk 18,1–8). Das Himmelreich vergleicht Jesus sowohl mit dem Senfkorn, das ein Mann in die Erde steckte, als auch mit dem Sauerteig, den eine Frau unter einen Trog Mehl mischte (Lk 13,18–21). Lukas kann das Geheimnis des göttlichen Wirkens und das Geheimnis des Menschen nur darstellen, indem er Männer und Frauen in ihrem Handeln und Denken beschreibt. Richtig über Gott sprechen, das heißt für Lukas, anima und animus miteinander zu verbinden, das Männliche und Weibliche in Gott zu sehen. Und richtig vom Menschen können wir nur reden, wenn wir gleich liebevoll auf den Mann und auf die Frau schauen und ihr jeweils anderes Denken zu ergründen versuchen.

Das Gleichnis von der verlorenen Drachme

Das kurze Gleichnis von der verlorenen Drachme (Lk 15, 8–10) folgt auf das Gleichnis vom verlorenen Schaf. Hier steht eine Frau im Mittelpunkt. Interessant ist, dass Lukas die Frauen oft als Witwen oder als allein stehende Frauen schildert. Die Frau definiert sich nicht durch den Mann. Sie ruht in sich selbst. So geht es auch bei dieser Frau nicht um ihre Beziehung zum Mann, sondern um ihr Selbstsein, um ihren Selbststand. Sie hat zehn Drachmen. Zehn ist die Zahl der Ganzheit. Wer zehn Drachmen besitzt, der ist ganz und heil. Doch die Frau hat eine Drachme verloren. Eins ist ebenfalls ein Bild der Einheit. Wenn die Frau die eine Drachme verloren hat, fällt sie aus ihrer Ganzheit, aus ihrer Einheit mit sich selbst und mit Gott. Sie hat ihre Mitte verloren. Und ohne diese Mitte nützen ihr die neun anderen Drachmen auch nichts. Sie fallen auseinander. Sie sind nicht mehr miteinander verbunden. Die Frau weiß um ihren Verlust. Sie hat sich selbst verloren. Gregor von Nyssa deutet die Drachme als Bild für Christus. Psychologisch gesehen könnte man sagen, die Drachme symbolisiere das Selbst. Wer sein Selbst verloren hat, der tut nach außen noch Vieles. Aber allem fehlt die Mitte, die Kraft, die Klarheit.

Die Frau zündet nun eine Lampe an. Für Gregor ist das der Verstand. Sie braucht das Licht des Verstandes, um das Dunkel des Unbewussten zu erhellen und darin die verlorene Ganzheit zu suchen. Lukas denkt hier sicher auch an das Licht des Glaubens. Nur durch den Glauben ist der Verstand wirklich erleuchtet. Es ist das Licht Gottes, das wir brauchen, um in unserem inneren Haus nach der Drachme zu suchen. Die Frau fegt das ganze Haus aus. Sie fegt den Schmutz weg, der sich auf den Boden ihres Hauses gelegt hat. Gregor deutet diesen Schmutz als Bild für die Unachtsamkeit, mit der wir leben. Wenn wir uns unachtsam auf viele Aktivitäten einlassen, dann verschmutzt unser Haus. Wir sind nicht mehr Herr im Haus. Es legt sich eine Schicht von Staub auf den Boden unserer Seele. So müssen wir kräftig fegen, um wieder an den ursprünglichen Glanz unserer Seele zu gelangen. Und die Frau sucht unermüdlich. Das griechische Wort »epimelos« bedeutet: »fürsorgend, sorgfältig, genau, eifrig«. Die Frau sieht genau hin, und sie sucht sorgfältig. Es liegt ihr am Herzen, dass sie ihre Drachme wiederfindet. Der Mensch ist nicht nur ein Gottsucher, sondern er sucht auch sich selbst, sein wahres Wesen. Er hat sich selbst verloren. Das ist das Unheil des Menschen, die Selbstentfremdung, der Selbstverlust.

Die Frau findet ihre Drachme. Sie findet sich selbst. Nun ruft sie ihre Freundinnen und Nachbarinnen zusammen: »Freut euch mit mir; ich habe die Drachme wiedergefunden, die ich verloren hatte.« (Lk 15,9) Wer sich selbst findet, der findet auch eine neue Beziehung zu den Mitmenschen. Die Frau ruft nur Frauen zusammen. Sie will gemeinsam mit ihnen das Fest ihrer eigenen Selbstwerdung feiern. Sie hat die verlorene Drachme gefunden. Sie hat Gott gefunden als den Grund ihres Menschseins. Und sie hat ihr Selbst gefunden. Nach C. G. Jung können wir das Selbst nicht finden, ohne dass wir das Bild Gottes in unserer Seele entdecken. Das Selbst ist nicht das Ergebnis unserer Lebensgeschichte, sondern es ist das Urbild, das Gott sich von uns gemacht hat. Lukas sieht im Finden der Drachme den Sünder, der umkehrt. Der Sünder hat sich selbst verloren. Er ist nicht mehr er selbst. Umkehren heißt: anders denken, hinter die Dinge sehen. Die Umkehr ist der Weg, auf dem wir unser wahres Selbst entdecken. Wir müssen aus dem Vordergründigen aussteigen und uns aufmachen, um in der Tiefe unserer Seele die Drachme zu finden. Dann – so sagt Jesus – herrscht bei den Engeln Gottes Freude über uns. Jesus ist gekommen, um uns an den göttlichen Kern zu erinnern. Er hat uns zur Umkehr aufgerufen, damit wir Gott in uns finden und in Gott unser wahres Selbst. Jesus ist der, der uns auf den Weg der Selbstwerdung ruft. Das Ziel dieses Weges ist die Freude über unser Menschsein. Aber ganz Mensch sind wir erst, wenn wir Gott gefunden haben, wenn wir den göttlichen Kern in uns wieder entdeckt haben. Die Sünde besteht darin, dass wir uns verfehlen und verlieren, dass wir an uns vorbei leben, dass wir uns leben lassen, anstatt selbst zu leben. Jesus ist nach Lukas der, der den Menschen einlädt, wieder wahrhaft Mensch zu werden, seine Mitte zu finden – und in seiner Mitte Gott als den wahren Grund seines Seins.

Ein Gleichnis hat immer verschiedene Ebenen. Es lässt dem Leser die Freiheit, seine eigenen Erfahrungen und Sehnsüchte hineinzuprojizieren. Die Frau mit den Drachmen kann ein Bild für die Seele des Menschen sein, der seine Mitte verloren hat und nun auf der Suche nach seinem wahren Selbst ist. Es kann aber auch ein Bild für Gott sein, der den verlorenen Menschen sucht und dabei das ganze Haus auf den Kopf stellt. Wenn wir das Gleichnis so auslegen, dann wird Gott mit dem Bild einer Frau beschrieben. Es gibt im ganzen Alten Testament keine Stelle, an der Gott mit einer das Haus durchstöbernden Frau verglichen wird. Der Schweizer Exeget Hermann-Josef Venetz meint dazu: »Wer so etwas tut, legt eine große Kompetenz und eine große Freiheit, aber auch eine große Gottes- und Weltnähe an den Tag, wie sie nur bei Jesus und seinen Vertrauten vermutet werden kann.« (Venetz, S. 124) Tauler deutet dieses Gleichnis so, dass Gott gerade dann, wenn wir uns gut eingerichtet haben in unserem Lebenshaus, wie eine Frau handelt, die alles durcheinander wirft, um die Drachme zu suchen. Tauler meint, gerade in der Lebensmitte haben wir uns gut eingerichtet. Und vor lauter äußerem Tun haben wir die Drachme verloren. So führt Gott uns in die Krise, in das »Gedränge«, um in uns die Drachme zu finden, unser wahres Selbst.

Man kann dieses Gleichnis aber auch auf Jesus hin auslegen. Jesus versteht dann sein eigenes Tun als frauliches und mütterliches Tun. Gott hat ja in Jesus seinen Sohn gesandt, damit dieser in der Welt das Licht des Glaubens anzünde, den Raum ausfege und unermüdlich den Menschen suche. Jesus läuft gerade den Sündern und Zöllnern nach, die nach dem Urteil der Pharisäer »verloren« waren. Im Tun der Frau wird aber auch das Wirken Jesu in der Seele des Einzelnen beschrieben. Jesus zündet das Licht im Haus des Menschen an, damit der Mensch sich selbst erkenne, damit er in die Tiefen seiner Seele schaue. Jesus fegt den Raum der Seele aus, indem er durch sein Wort alle Dämonen aus ihm vertreibt, alle Lebensmuster, die den Menschen am Leben hindern. Und er sucht unermüdlich das Selbst des Menschen. Für den größten griechischen Philosophen Platon war das das Ziel des menschlichen Lebens: sein wahres Selbst zu finden, seine ursprüngliche Seele zu erkennen. Jesus ist für Lukas der göttliche Wanderer, der die Menschen mit ihrem wahren Selbst, mit ihrem göttlichen Kern, in Berührung bringt.

Das Gleichnis vom verlorenen Sohn

Wohl das schönste Gleichnis, das uns Lukas erzählt, ist das Gleichnis vom verlorenen Sohn. Es hat unzählige Deutungen erfahren. Das zeigt, dass der Text den Leser berührt. Ein Gleichnis zu erzählen, das ist ja mehr, als eine theologische Wahrheit zu verkünden. Die Gleichnisse wollen nicht informieren oder beweisen, sie wollen uns zwingen, Stellung zu beziehen. Die Sprachwissenschaftler sprechen von »persuasiver Kommunikation«. Indem Jesus ein Gleichnis erzählt, bewegt er etwas im Hörer. Wir können das Gleichnis vom verlorenen Sohn, so wie Lukas es uns erzählt, nicht lesen, ohne innerlich in einen Prozess der Verwandlung zu geraten. Wir werden vom jüngeren und älteren Sohn vor die Frage gestellt: Wo stehe ich? Bin ich mehr der jüngere oder der ältere Sohn? Oder bin ich beides? Kenne ich beide Seiten an mir? Gerade das Motiv der beiden Brüder zeigt die innere Polarität unserer Seele an. Wir haben in uns den jüngeren Sohn, der nur leben möchte, ohne Rücksicht auf Gesetz und Maß. Und wir haben den angepassten älteren Bruder in uns, der sich bemüht, alle Gebote zu halten. Auf beide Seiten sollten wir schauen und beide Gegenpole in uns miteinander verbinden. Das Gleichnis erhebt keinen moralischen Zeigefinger, sodass ich umkehren und Buße tun müsste. Vielmehr erzählt Lukas Jesu Gleichnis so, dass ich nicht an der Frage vorbeikomme, wo ich mich verrannt habe, wo ich mich von billigem Zeug ernähre und ob ich mich verloren habe. Indem ich das Gleichnis lese, werde ich im Herzen bewegt, mich auf den Weg zum Vater zu machen, dorthin, wo ich wahrhaft zu Hause bin.

Zum Gleichnis vom verlorenen Sohn lassen sich aus der griechischen Literatur viele ähnliche Beispiele heranziehen. Da gibt es häufig das Motiv des Schuldbekenntnisses der Söhne vor ihrem Vater, wenn sie sein Vermögen mit einer Hetäre durchgebracht haben. Plautus erzählt von einem Vater, der seine beiden Söhne verloren hat. Als er sie wiederfindet, feiert er ein Fest. Seit Aristophanes ist in der Komödie das »Paar des braven und liederlichen Jünglings« (Heininger, S. 151) bekannt. Diese Beispiele zeigen, dass Lukas über eine rhetorische Ausbildung verfügt haben muss. Er kennt die griechische Literatur mit ihren Romanen, Komödien, Tragödien und Fabeln. Seine rhetorische Bildung setzt Lukas ein, um den Leser unmittelbar anzusprechen. Er schreibt so, dass er in einen Dialog mit dem Leser tritt. Das gilt nicht nur für den griechischen Leser, sondern genauso auch für uns. Lukas hat eine Sprache gefunden, die jeden ins Herz trifft. Keiner kann der Botschaft dieses Gleichnisses ausweichen.

Der Sohn ist das angepasste Leben daheim leid. Er fordert vom Vater das Erbteil, das ihm zusteht, schon jetzt. Er möchte leben, und zwar sofort. Das entspricht der Haltung vieler junger Menschen heute. Sie möchten einfach nur leben, maßlos und möglichst sofort. Der jüngere Sohn zieht in ein fernes Land. Darin ist nichts Verwerfliches. Darin zeigt sich sein Wagemut. Doch dann verschleudert er sein Vermögen »in einem liederlichen Leben«. Im Griechischen heißt es »zon asotos = er lebte ohne Hoffnung auf Heil, er lebte heillos, zügellos, lasterhaft«. Aristoteles definiert das »asotos« so: »Verschwender ist, wer sich durch seine Lebensweise zugrunde richtet.« (Heininger, S. 159) Der Sohn kommt so herunter, dass er sich an einen Bürger hängt, sich von ihm abhängig macht. Der schickt ihn aufs Feld zum Schweinehüten. Für jüdische Leser ist das ein Bild dafür, dass der Sohn sich völlig verloren, sich und seine Würde aufgegeben hat. Bei den Schweinen ist er gelandet. Aber er bekommt noch nicht einmal die Früchte des Johannisbrotbaums, die die Schweine essen. Als er am Nullpunkt angelangt ist, als ihm alles aus den Händen gerissen worden ist, als er leer und gescheitert auf dem Scherbenhaufen seiner Existenz sitzt, da geht er in sich, da kommt er zu sich. Er, der sich entfremdet hat, der sich völlig in die Hände eines anderen begeben hat, kommt wieder in Kontakt zu sich selbst, er kehrt zu sich heim. Bei sich angekommen führt er ein Selbstgespräch, das seine innere Situation treffend widerspiegelt: »Wie viele Tagelöhner meines Vaters haben mehr als genug zu essen, und ich komme hier vor Hunger um (apollymai = ich gehe verloren, ich gehe zugrunde). Ich will aufbrechen (anastas = aufstehen, auferstehen) und zu meinem Vater gehen und zu ihm sagen: Vater, ich habe mich gegen den Himmel und gegen dich versündigt. Ich bin nicht mehr wert, dein Sohn zu sein; mach' mich zu einem deiner Tagelöhner.« (Lk 15,17f) Das Selbstgespräch schildert die seelische Verfassung des Sohnes und gibt dem Leser Einblick in seine Psyche. Der Sohn ist nahe daran, sich selbst völlig aufzugeben. Doch es gibt in ihm eine Stimme, die ihn umkehren lässt. Er möchte sich nicht verlieren. Er möchte leben. Was er in seinem Herzen eingesehen hat, das tut er. Er macht sich auf den Weg zum Vater. Der Vater hat Mitleid mit ihm. Er läuft ihm entgegen. Für einen Hausvater war Eile unangemessen. Doch der Vater gibt nichts auf seine Stellung. Der Sohn ist ihm wichtiger. So eilt er auf ihn zu, fällt ihm um den Hals und küsst ihn. Er lässt den Sohn gar nicht ausreden, sondern befiehlt den Knechten, das Gewand des Sohnes zu holen, ihm den Ring anzustecken und die Schuhe anzuziehen. Damit nimmt der Vater den Sohn wieder ganz in die Familie auf. Und er feiert ein Festmahl: »Wir wollen essen und fröhlich sein. Denn mein Sohn war tot und lebt wieder; er war verloren und ist wiedergefunden worden.« (Lk 15,23 f)

Jesus erzählt das Gleichnis vom verlorenen Sohn den Pharisäern und Schriftgelehrten, die sich darüber empören, dass er mit den Sündern isst (Lk 15,2). Er erzählt uns mit dem Gleichnis nicht nur, wer Gott ist und wie ein Mensch umkehren und sein Heil wiederfinden kann, sondern er deutet uns mit diesem Gleichnis auch sein eigenes Tun. Jesus hält mit den Sündern Mahl, um Gottes Barmherzigkeit hier auf Erden sichtbar und erfahrbar werden zu lassen. Er ist vom Himmel herabgekommen, um den barmherzigen Gott zu verkünden, der Mitleid hat mit den Menschen, die sich selbst verloren haben, die innerlich abgestorben sind, die sich selbst entfremdet haben. Indem Jesus mit den Sündern isst und trinkt, handelt er im Auftrag des Vaters, lässt er den barmherzigen Gott konkret aufscheinen. Was Jesus in den Mahlzeiten mit den Sündern tut, das geschieht nach dem Verständnis des Lukas in jeder Eucharistiefeier. Da feiert Gott mit uns ein Festmahl, bei dem wir uns gemeinsam mit Christus darüber freuen dürfen, dass wir, die wir tot waren, wieder lebendig geworden sind, und dass wir Verlorene uns wiedergefunden haben. So schildert Jesus im Gleichnis auch seine eigene Sendung. Er versteht sich als der, der die innerlich Toten wieder zum Leben ruft, der das Leben in ihnen hervorlockt. Und er versteht sein Tun als Suchen derer, die sich verloren haben, die zugrunde gegangen sind. Mit seinem Gleichnis möchte Jesus in Menschen, die sich selbst aufgegeben haben, die Hoffnung auf Leben wecken. Auch für sie ist Umkehr möglich. Es gibt keinen Grund, sich aufzugeben. Auch wenn wir noch so sehr in die Irre gegangen sind und unseren Hunger mit billigem Zeug gestillt haben, es gibt die Heimkehr in das Haus des Vaters, in dem wir wahrhaft zu Hause sein dürfen, in dem wir ganz die sein dürfen, die wir von Gott her sind: Söhne und Töchter des himmlischen Vaters.

Doch die Einladung Jesu an die Sünder stößt auf Widerstand. Im Gleichnis taucht der ältere Sohn auf, der voller Zorn auf das Freudenfest reagiert. Das Alte Testament kennt den Zorn des gläubigen Menschen, wenn Gott sich des Sünders erbarmt. So reagiert Jona voller Zorn auf das Erbarmen Gottes gegenüber Ninive. Und der Psalmist spricht vom Zorn des Frommen gegenüber den Erfolgen des Bösen (Ps 37,1). Jede der drei Personen wird durch ihr Gefühl charakterisiert: Der jüngere Sohn geht in sich, der Vater fühlt Erbarmen, und der ältere Sohn wird zornig. Der ältere Sohn steht nicht nur für die Pharisäer, die sich alle Mühe geben, die Gebote Gottes zu erfüllen, dabei aber oft genug freudlos ihre Pflicht tun, ohne den Reichtum des Lebens zu entdecken, den Gott ihnen anbietet. Jeder Leser wird sich in dem älteren Sohn wiederfinden. Wir leben oft das Ideal, alle Gebote Gottes zu erfüllen und nur seinen Willen zu tun. Aber der Ärger über andere Menschen, die sich nicht an die Gebote halten, zeigt, dass unser Angepasstsein nicht aus reinen Motiven heraus kommt, dass es uns nicht glücklich macht. Oft genug steht dahinter die Angst vor dem Leben. Wenn nun der jüngere Sohn unseren Schatten (die verdrängte Lebendigkeit) auslebt, dann werden wir zornig. Die unbewussten Motive, die den älteren Sohn zum Daheimbleiben, zum Bravsein und Angepasstsein bewegt haben, werden in seinen Worten an den Vater offenbar: »So viele Jahre schon diene ich dir, und nie habe ich gegen deinen Willen gehandelt; mir aber hast du nie auch nur einen Ziegenbock geschenkt, damit ich mit meinen Freunden ein Fest feiern konnte. Kaum aber ist der hier gekommen, dein Sohn, der dein Vermögen mit Dirnen durchgebracht hat, da hast du für ihn das Mastkalb geschlachtet.« (Lk 15,29f) Der Sohn hat nicht selbstlos den Willen des Vaters erfüllt, sondern er wollte sich dadurch Anerkennung verdienen. Er hat insgeheim gewartet, dass der Vater ihn besonders auszeichnet, weil er daheim geblieben ist, dass er ihn gegenüber dem jüngeren Sohn vorzieht. Und man spürt hinter der Fassade der Wohlanständigkeit verdrängte sexuelle Phantasien. Denn wenn er dem jüngeren Bruder vorwirft, dieser habe sein Vermögen mit Dirnen durchgebracht, so ist das nicht durch die Erzählung gedeckt. Das entspricht seiner eigenen Phantasie. In dem älteren Bruder beschreibt Lukas unsere Schattenseiten, die sich oft genug hinter einer frommen Fassade verstecken.

Der Vater wendet sich auch dem älteren Sohn liebevoll zu: »Mein Kind, du bist immer bei mir, und alles, was mein ist, ist auch dein. Aber jetzt müssen wir uns doch freuen und ein Fest feiern, denn dein Bruder war tot und lebt wieder; er war verloren und ist wieder gefunden worden.« (Lk 15,31 f) Dies ist ein Satz voller Zärtlichkeit dem älteren Sohn gegenüber. Und doch weist ihn der Vater darauf hin, dass »dieser dein Sohn« auch sein Bruder ist. Wenn der Bruder, der sich verirrt hatte, wieder gefunden wurde, und wenn der, der tot war, wieder lebendig wurde, dann ist das Grund genug, ein fröhliches Fest zu feiern.

Man kann dieses Gleichnis nicht lesen, ohne mit den eigenen Wünschen und Bedürfnissen, mit seinen Emotionen und Sehnsüchten in Berührung zu kommen. Die beiden Söhne decken auf, was in unserer Seele verborgen ist. Und beide Söhne verweisen auf den barmherzigen Vater. Ihm können wir uns zuwenden, ob wir nun der jüngere oder der ältere Sohn sind, der ausschweifende oder der korrekte, der waghalsige oder der angepasste. Beide waren auf ihre Weise tot und hatten sich verloren, der eine in einem ausschweifenden Leben, der andere in ängstlicher Korrektheit. Der barmherzige Vater lädt uns zum Leben ein, zu einem Fest der Freude, dass wir das Leben in uns finden und uns daran erfreuen.

Das Gleichnis vom klugen Verwalter

Nur kurz möchte ich auf ein anderes lukanisches Sondergleichnis eingehen: das Gleichnis vom klugen Verwalter (Lk 16,1–8). Dieses Gleichnis kann heute noch die Leser provozieren. Wenn ich in einer Gruppe versuche, das Gleichnis auszulegen, meldet sich immer Protest an. Jesus kann doch den Betrug nicht gutheißen. An diesem Gleichnis spüren wir, mit welch psychologischem Geschick Jesus den Leser anspricht. Indem Jesus die Zuhörer provoziert, lockt er sie aus der sicheren Position ihrer Frömmigkeit hervor. Gerade dort, wo uns ein Gleichnis ärgert, sind wir herausgefordert, unsere Sichtweise von Gott und vom Menschen in Frage zu stellen und zu korrigieren.

Jesus hat mit seinem Gleichnis vom ungerechten Verwalter, der seinen Herrn austrickst, in seinen Zuhörern, die eher unter den Armen zu suchen sind, sicher Schadenfreude hervorgerufen. Doch darum geht es nicht. Es geht um die Frage, wie wir mit unserer Schuld umgehen. Ob wir wollen oder nicht, wir werden in Schuld geraten oder beschuldigt. Wir haben keine Chance, dem zu entrinnen. Die Frage ist, wie wir darauf reagieren, ob wir uns ein Leben lang dafür schämen und im Büßergewand herumlaufen, wie es sich der Verwalter in seinem Selbstgespräch überlegt. Wir machen uns dann überall schlecht und betteln um Zuwendung. Die andere Möglichkeit, auf Schuld zu reagieren, wäre, hart zu arbeiten, die Zähne zusammenzubeißen, damit wir von jetzt an alles richtig machen und alle Gebote peinlich genau erfüllen. Aber beide Wege führen in die Sackgasse. Der Verwalter kommt in seinem Selbstgespräch auf einen dritten Weg, den Jesus gutheißt. Anstatt die Schuld vor Gott abzuarbeiten oder in Scham zu versinken, sollten wir die Schuld als Chance nutzen, in Beziehung zu anderen Menschen zu treten. Die Schuld lädt uns ein, menschlicher miteinander umzugehen. Der Verwalter tut das einzig Mögliche: Er lässt die Schuldner kommen und kürzt ihre Schuld. Auf diese Weise hat er Hoffnung, dass die Leute ihn in ihren Häusern aufnehmen. Er geht kreativ mit seiner Schuld um. Er entwickelt Phantasie, wie er aus seiner Schuld das Beste machen kann. Jesus lobt die Klugheit des unehrlichen Verwalters: »Die Kinder dieser Welt sind im Umgang mit ihresgleichen klüger als die Kinder des Lichts.« (Lk 16,8) Der Ausdruck »die Kinder des Lichts« erinnert an die Essener, die sehr fromm waren, aber alle, die ihre Normen übertraten, unbarmherzig ausstießen. In der christlichen Gemeinde soll es nicht so sein. Die Christen sollen einander nicht ausschließen, sondern in ihre Häuser aufnehmen, wenn sie schuldig geworden sind. Jesus spricht hier in einer sehr nüchternen Weise von Schuld. In der Kirche haben wir seine offene und klare Sprache noch nicht eingeholt. Gerade beim Thema Schuld sind wir in Gefahr, den Menschen klein zu machen und zu entwerten. Wir jagen ihm Schuldgefühle ein, damit er zerknirscht Reue zeige. Von Jesus können wir lernen, anders von Schuld und Schuldgefühlen zu reden. Jesus will uns einen Weg zeigen, wie wir mit der Schuld umgehen können, ohne unsere Selbstachtung zu verlieren.

Jesus – Vorbild des Beters

Lukas hat wie kein anderer Evangelist Jesus als den betenden Menschen beschrieben. Jesus ist der große Beter. Er betet bei den wichtigsten Ereignissen seines Lebens. Er betet vor Entscheidungen. Immer wieder zieht sich Jesus an einsame Orte zurück, um zu seinem Vater zu beten. Wenn Lukas von Jesus als dem Beter schreibt, dann hat er immer schon den gläubigen Christen im Auge. Für ihn ist das Gebet vor allem ein Weg, die Bedrängnisse des Lebens zu bestehen. Wie Jesus betend seine Passion bewältigt, so soll der Christ sich im Gebet an Gott festhalten, um durch alle Bedrängnisse hindurch zur Herrlichkeit zu gelangen. Das Gebet ist der Weg, sich in die Haltung Jesu einzuüben und von seinem Geist durchdrungen zu werden.

Jesus zeigt, was auch für uns im Gebet geschehen könnte. Bei der Taufe betet Jesus, und der Himmel öffnet sich über ihm (Lk 3,21). Das ist ein schönes Bild für die Wirkung des Gebets. Wenn wir beten, öffnet sich über uns der Himmel. Im Gebet kommt der Heilige Geist auf uns herab. Und wir erfahren im Gebet, dass wir bedingungslos von Gott geliebt sind. Im Gebet erkennen wir, wer wir eigentlich sind. Als Jesus den Aussätzigen heilte und die Menschen von überall herbeiströmten, zog er »sich an einen einsamen Ort zurück, um zu beten« (Lk 5,16). Das Gebet ist ein Schutzraum, in den wir uns zurückziehen dürfen, um vor dem Lärm der Welt und vor den Erwartungen der Menschen geschützt zu sein. Bevor Jesus aus seinen Jüngern zwölf Apostel auswählte, verbrachte er auf dem Berg die ganze Nacht im Gebet zu Gott (Lk 6,12).

Das Gebet befähigt uns zu guten Entscheidungen. Vor dem Messiasbekenntnis des Petrus betet Jesus in der Einsamkeit (Lk 9,18). Offensichtlich bereitet er sich im Gebet vor, die Jünger in das Geheimnis seines Leidens und ihres Weges der Kreuzesnachfolge einzuweisen.

Nur Lukas erzählt vom Beten Jesu bei seiner Verklärung. »Während er betete, veränderte sich das Aussehen seines Gesichts, und sein Gewand wurde leuchtend weiß.« (Lk 9,29) Im Gebet kommen wir in Berührung mit unserem wahren Wesen. Da fällt alles Oberflächliche weg. Die Masken zerbrechen, hinter denen wir uns verstecken. Verklärung heißt, dass das Eigentliche durchscheint, unsere ursprüngliche Schönheit. Der Glanz Gottes, der in uns ist, strahlt aus unserem Gesicht. Wir erkennen, dass wir die Herrlichkeit Gottes sind. Als Jesus verklärt wurde, tauchen Mose und Elija auf. Mose ist der Gesetzgeber und der Befreier. Wenn wir beten, kommt unser Leben in Ordnung, und wir erfahren in Gott wahre Freiheit. Was die Menschen von uns halten, ist nicht mehr so wichtig. Elija ist der Prophet. Im Gebet entdecken wir unsere prophetische Sendung. Da erahnen wir, dass wir mit unserem Leben etwas ausdrücken können, was nur durch uns in dieser Welt sichtbar werden kann. Im Gebet – so sagt uns die Erzählung von der Verklärung Jesu – kommen wir in Berührung mit unserem wahren Selbst, da leuchtet in uns Gottes Herrlichkeit auf. Allerdings lässt sich diese Gebetserfahrung nicht festhalten. Sie entschwindet uns immer wieder. Eine Wolke verdunkelt wieder unseren Blick, und wir müssen allein mit der Erinnerung an diese Lichterfahrung zurück in das oft genug neblige Tal unseres Alltags.

Den Höhepunkt von Jesu Beten schildert uns Lukas in der Passion. Am Ölberg betet Jesus und ringt mit dem Willen Gottes. Da erscheint ihm ein Engel vom Himmel und stärkt ihn. Beten ist nicht immer nur Erfahrung von

Frieden. Es kann auch ein schmerzliches Ringen um den Willen Gottes sein. Aber Gott schickt dem Beter seinen Engel, um ihm neue Kraft zu geben. Aber der Engel bewahrt Jesus nicht vor der Angst. Jesus gerät in Todesangst. Er schwitzt vor Angst. Aber gerade jetzt betet er noch inständiger (Lk 22,44). Diese Szene des Gebets am Ölberg erzählt Lukas vor dem Hintergrund der Not, die viele mit dem Gebet haben, heute wie damals. Im Gebet erleben wir oft Dunkelheit. Wir haben den Eindruck, dass unser Beten ins Leere geht. Es nützt nichts. Es tut sich nichts. Gott verbirgt sich hinter einer dicken Mauer. Er scheint zu schweigen. Weil wir nicht zu Gott vordringen, geht es uns oft genug wie den Jüngern. Wir schlafen ein. Unser Gebet schläft ein. Und Jesus muss uns wachrütteln: »Steht auf und betet, damit ihr nicht in Versuchung geratet.« (Lk 22,46) Wir werden wie Jesus in die gleichen Bedrängnisse geraten, in Einsamkeit, Angst, Verlassenheit, in Not und Leid. Das Gebet ist für uns der Weg, wie Jesus die Versuchungen zu bestehen und auch in der höchsten Bedrängnis an Gott festzuhalten.

Das Gebet am Ölberg gibt Jesus offensichtlich die Kraft, den Weg der Passion durchzustehen. Es schenkt ihm die Gewissheit, dass er auch im Tod nicht aus Gottes guter Hand fallen kann. Jesu Gebet gipfelt in seinem Beten am Kreuz. Am Kreuz hängend, betet Jesus nicht nur für sich, sondern auch für seine Mörder: »Vater, vergib ihnen, denn sie wissen nicht, was sie tun.« (Lk 23,34) Und Jesus stirbt mit einem Gebetswort auf den Lippen. Es ist ein Vers aus Psalm 31, dem jüdischen Abendgebet. Wie ein frommer Jude betet Jesus am Ende seines Lebens: »Vater, in deine Hände lege ich meinen Geist.« (Lk 23,46) Aber Jesus fügt den Worten des Psalms seine Abba-Anrede bei. Er spricht gerade am Kreuz Gott zärtlich als seinen Vater an. In die liebenden Hände seines Vaters legt er seinen Geist. Im Tod kehrt er zum Vater zurück. Das Beten verklärt sein Sterben. Trotz aller Grausamkeit hält Jesus das Gebet durch und bleibt so mitten in seiner größten Not in Beziehung zu Gott. Ja, die Beziehung zu Gott befreit ihn von der Macht der Menschen. Selbst seine Mörder können nicht über ihn triumphieren. Das Gebet hebt ihn in eine andere Welt hinauf, in die die Schreie seiner Henker nicht dringen können. Das Gebet begleitet Jesus also von Beginn seines Wirkens an bis zu seinem Ende am Kreuz. Es zeigt, wo Jesus seinen wahren Halt gefunden hat. Und es offenbart, dass Jesus aus der Kraft des Gebets seinen Weg auch durch die größte Bedrängnis des Todes hindurch gehen konnte, weil über allem Leid der Himmel offen stand und er sich mit dem Vater eins wusste.

Gebetsunterweisung Jesu

Wenn das Gebet Jesu solch heilende und befreiende Wirkung hatte, dann ist es kein Wunder, dass die Jünger ihn bitten: »Herr, lehre uns beten.« (Lk 11,1) Bei Lukas zeigt Jesus den Jüngern nicht nur, was sie beten sollen, sondern vor allem, wie und in welcher Haltung sie es tun sollen. Was die Christen beten sollen, sagt Jesus den Jüngern in den Worten des Vaterunsers. Viele Exegeten meinen, dass Lukas die ursprüngliche Version des Vaterunsers bewahrt hat. Lukas hat immer große Achtung vor dem originalen Klang der Worte Jesu: »Vater, geheiliget werde dein Name, es komme dein Reich, das notwendige Brot gib uns für jeden Tag, und vergib uns unsere Sünden, denn auch wir vergeben jedem, der uns schuldig ist, und führe uns nicht in Versuchung hinein.« (Bovon, S. 118) Jesus hat Gott immer mit Vater angesprochen. Im Gebet, das er uns lehrt, lässt er uns teilhaben an seiner Beziehung zum Vater. Der Name ist die Wirklichkeit Gottes. Sie soll geheiligt werden. Sie soll in unserer Welt sichtbar und von allen Menschen anerkannt werden. Das Reich ist Gottes Herrschaft. Es soll sich in der Welt durchsetzen. Es ist aber auch in uns. Wenn Gottes Bild auf dem Grund unseres Herzens aufleuchtet, dann ist Gottes Reich zu uns gekommen (Bovon, S. 128). Das Brot, um das wir bitten sollen, ist nicht nur das materielle Brot, sondern zugleich das Brot der Freundschaft und Gemeinschaft. Und es ist das himmlische, göttliche Brot. Es ist das lebendige Brot der Eucharistie. Bei der Bitte um Vergebung ersetzt Lukas das Wort »Schuld« durch Sünden. Denn das griechische Wort »Schuld« bezieht sich nicht auf die Verletzung göttlicher Gebote. Die Sünden (hamartias) bedeuten Verfehlungen, verpasste Gelegenheiten, verfehlte Ziele, Unterlassungen (Bovon, S. 134). Die letzte Bitte meint nicht, dass wir vor Versuchungen bewahrt bleiben, sondern dass Gott uns darin beschütze. Das aramäische Vaterunser verstand diese Bitte wohl in dem Sinn: »Gib, dass wir nicht in Versuchung hineinkommen.« (Ebd., S. 136) Auch die Griechen denken nicht daran, dass Gott selbst in die Versuchung führt. Doch der Mensch bleibt nicht verschont vor Versuchungen. Gott möge uns die Kraft geben, nicht so in die Versuchungen hineinzugeraten, dass wir darin untergehen. Lukas wendet sich mit seiner Fassung des Vaterunsers an Neubekehrte. Sie rezitierten das Gebet in Erinnerung an die Worte Jesu. Es wurde für sie zum wichtigsten Bestandteil ihrer Frömmigkeit. In diesen Worten kamen sie in Berührung mit dem Geist Jesu, mit seiner persönlichen Gottesbeziehung. So schreibt die Didache, die am Ende des ersten Jahrhunderts entstanden ist, jedem Christen vor, das Vaterunser täglich dreimal zu beten. Und in jeder Eucharistiefeier wurde es vor der Kommunion gebetet. Bevor wir den Leib Jesu empfangen, werden wir eins mit seinem Geist, der sich gerade im Vaterunser am klarsten ausdrückt.

Lukas erhellt durch zwei Gleichnisse, die er auf das Vaterunser folgen lässt, wie und mit welcher inneren Einstellung wir beten sollen. Die Parabel vom bittenden Freund (Lk 11,5–8) hat ein palästinisches Dorf vor Augen, in dem es keine Läden gibt. Jedes Haus stellt die notwendige Nahrung selbst her. Da hat einer mitten in der Nacht Besuch bekommen und kann ihm nichts anbieten. Das ist ihm peinlich. Denn Gastfreundschaft ist im Orient und in Griechenland das höchste Gut. So geht er zu seinem Freund und pocht an die Tür. Er weiß, welche Schwierigkeiten er dem Freund bereitet. Denn der muss aufstehen und die mit einem Balken gesicherte Tür öffnen. Vom Lärm, den er beim Wegziehen des Balkens macht, werden die Kinder aufwachen. Doch Gastfreundschaft ist heilige Pflicht. So wird er aufstehen und dem bittenden Freund alles geben, was er braucht. Jesus will uns mit diesem Gleichnis sagen, dass Gott unser Freund ist. Und Lukas deutet dieses Gleichnis im Sinn der griechischen Philosophie: Wir Christen sind Gottes Freunde (Grundmann, S. 234). Beten heißt zu Gott wie zu einem Freund sprechen. Wir dürfen Gott so unverschämt bitten wie einen Freund. Er wird uns nicht abweisen. Denn die Freundschaft zwischen Gott und uns ist noch viel fester als die zwischen Menschen.

Nur Lukas erzählt uns das Gleichnis vom bittenden Freund. Lukas liebt als Grieche das Wort »Freund«. Während Markus und Matthäus nur einmal das Wort »Freund« benutzen, finden wir es bei Lukas achtzehn Mal. Für die Griechen war Freundschaft ein hohes Gut. »Die Griechen gelten als das klassische Volk der Freundschaft.« (RAC, S. 418) Sokrates und Platon haben über die Freundschaft geschrieben. Freundschaft ist nur zwischen guten Menschen möglich. Im Lukasevangelium nennt Jesus seine Jünger Freunde (Lk 12,4). Die Gemeinde in Jerusalem schildert Lukas wie einen hellenistischen Freundesbund. So liegt es nahe, dass Lukas das Bild des Freundes auf unsere Beziehung zu Gott anwendet. Das Geheimnis von Freundschaft wird erst offenbar, wenn wir im Gebet Gott als unseren Freund erfahren, der uns gibt, was wir zum Leben und zur Liebe brauchen.

Die zweite Parabel erläutert, was es heißt, Gott zum Vater zu haben. Jeder Vater weiß, was für seine Kinder gut ist. Der Mensch ist in seinem Herzen durchaus gut. Der Vater sorgt für seine Kinder. Er wird ihnen nicht anstelle eines Brotes einen Stein oder eine Schlange statt eines Fisches oder einen Skorpion statt eines Eies geben. Jesus spricht hier das Ehrgefühl der Menschen an. »Dem Leser und der Leserin dreht sich das Herz im Leib um bei diesen Beispielen, die einem Vater zugeschrieben werden.« (Bovon II, S. 155) Gott ist unser guter Vater. Er weiß, was uns gut tut. Er wird uns nicht enttäuschen und uns nichts geben, was uns schaden könnte. Er schenkt uns das, was uns nährt. Augustinus deutet die drei Gaben symbolisch. Das Brot bedeutet die Liebe, der Fisch den Glauben und das Ei die Hoffnung. Ein guter Vater gibt seinem Sohn nicht anstelle des Brotes der Liebe den Stein der Härte und Abweisung. Er glaubt an den Sohn und verletzt ihn nicht wie eine Schlange. Und er schenkt ihm Hoffnung und wird ihn nicht wie ein Skorpion mit seiner Bitterkeit oder mit Schuldgefühlen vergiften. Gott ist der gute Vater, der uns die beste Gabe schenkt, die er zu geben hat: den Heiligen Geist. Im Heiligen Geist schenkt er sich uns selbst. Da ist er uns nahe. Der Heilige Geist heilt unsere Vaterwunden, wenn der Vater uns doch den Stein, die Schlange oder den Skorpion gereicht und uns damit tief verletzt hat. Das Gebet ist für Lukas der Ort, an dem wir die Heilung unserer Vater- und Mutterwunden erfahren dürfen.

Die Witwe und der gottlose Richter

Lukas führt im achtzehnten Kapitel seine Gebetsunterweisung fort. Dort bringt er als Pendant ein Gleichnis, in dem eine Frau im Mittelpunkt steht. Das entspricht seiner Tendenz, zu allen wichtigen Themen sowohl von Seiten des Mannes wie von Seiten der Frau etwas zu sagen. Auch über das Gebet kann Lukas nur angemessen sprechen, wenn er Beispiele aus der Welt des Mannes und der Frau bringt. Während Lukas im elften Kapitel seine Gebetslehre als Erfüllung der Gottesliebe versteht, spricht er im achtzehnten Kapitel über das Gebet in der bedrängenden Situation vor dem Kommen des Menschensohnes. Die Frau, die als Witwe von einem Feind bedrängt wird (Lk 18,1–8), steht für die bedrohte christliche Gemeinde, die sich vergeblich an die staatliche Autorität wendet. Denn der Richter fürchtet Gott nicht und nimmt auf keinen Menschen Rücksicht. Die Witwe kann aber auch als Typus für den einzelnen Menschen verstanden werden. Dann beschreibt sie die persönliche Situation von Menschen, die von Feinden bedrängt werden, die von anderen verletzt werden und sich nicht dagegen wehren können. Die Frau, die den Mann verloren hat, ist gleichsam ein Bild für Menschen mit einer dünnen Haut, die schutzlos den Emotionen ihrer Umgebung ausgesetzt sind. Sie haben keine Grenze. Alles Negative ihrer Umwelt dringt in sie ein. Die Frau ist seit jeher auch Bild für die Seele, für den inneren Bereich des Menschen, für die Ahnungen seiner göttlichen Würde. Die Feinde stehen für die Lebensmuster, die uns am Leben hindern, für unsere Schwächen, die uns zu schaffen machen, und für die Wunden, die uns das Leben geschlagen hat. Der Richter, der sich weder um Gott noch um die Menschen kümmert, symbolisiert das Über-Ich, die innere Instanz, die uns klein machen möchte, die kein Interesse an unserem Wohlergehen hat.

Ihr geht es nur um Normen und Prinzipien. Die Seele soll still halten und sich zufrieden geben mit dem, was sie vorfindet.

Die scheinbar machtlose Frau kämpft für sich. Sie geht immer wieder zum Richter und fordert ihn auf: »Verschaff' mir Recht gegen meinen Feind!« (Lk 18,3) Der Richter führt ein Selbstgespräch, wieder das typische Stilmittel griechischer Komödien: »Ich fürchte zwar Gott nicht und nehme auch auf keinen Menschen Rücksicht; trotzdem will ich dieser Witwe zu ihrem Recht verhelfen, denn sie lässt mich nicht in Ruhe. Sonst kommt sie am Ende noch und schlägt mich ins Gesicht.« (Lk 18,5) Das griechische Wort heißt hier wörtlich: »unters Auge schlagen, blau schlagen« (Heininger, S. 202). Der Zuhörer mag schmunzeln, weil dieser mächtige Richter Angst vor der schwachen Witwe hat, sie könnte ihm ein blaues Auge schlagen. Doch gerade mit diesem Selbstgespräch des Richters bewegt Lukas den Leser, dem scheinbar so schwachen Mittel des Gebets zu trauen. Es hat mehr Macht als alle äußeren Machthaber. Im Gebet bekommt der Mensch sein Recht. Er hat Recht auf Leben, Recht auf Hilfe, Recht auf Würde. Im Gebet dürfen wir erleben, dass die Menschen keine Macht über uns haben. So wie die Mörder über den betenden Jesus am Kreuz nicht triumphieren konnten, so haben auch die, die uns bedrängen, keine Macht über uns. Wenn wir die Witwe als Bild für die Seele nehmen, dann heißt das: Im Gebet erfahren wir, dass die Seele mehr Recht hat als die Stimmen des Über-Ichs, die uns klein halten möchten. Im Gebet blüht die Seele auf. Da bekommt sie Flügel. Da kommen wir in Berührung mit unserem wahren Selbst, mit dem ursprünglichen Bild Gottes von uns. Die Welt kann das Bild Gottes in unserer Seele nicht trüben oder gar zerstören.

Der Pharisäer und der Zöllner

Lukas weiß um die Gefahr, dass wir uns im geistlichen Leben zu hohe Ideale machen. Er spricht vom unablässigen Beten. Doch so ein großes Idealbild des Betens bringt immer auch eine Schattenseite mit sich. Wir stehen dann in Gefahr, uns mit unserem Beten über andere zu stellen. Wir fühlen uns besser als die anderen. Lukas wehrt dieser Gefahr einseitiger Idealbildung, indem er uns im Gleichnis vom Pharisäer und Zöllner den Gegenpol vor Augen führt (Lk 18,9–14). Das Beten des Pharisäers ist eine fromme Selbstbespiegelung. Er kreist nur um sich selbst. Lukas stellt uns in diesem Gleichnis zwei Weisen des Gebets vor Augen: das Gebet des selbstgerechten Pharisäers und das Gebet des demütigen Zöllners. Schon rein äußerlich sind die Gebete des Pharisäers und des Zöllners verschieden. Während das Gebet des Pharisäers lang ist, zeichnet sich das des Zöllners durch Kürze aus. Die Vorbereitung auf das Gebet ist dagegen beim Pharisäer kurz. Er stellt sich einfach hin und fängt an zu beten. Der Zöllner aber bleibt hinten stehen, wagt nicht aufzusehen und schlägt sich an die Brust. Er drückt sein Gebet vor allem im Leib aus. Der Pharisäer kreist im Gebet nur um sich. Er benutzt Gott dazu, sich selbst ins rechte Licht zu stellen. Es geht ihm nicht um Gott, sondern um die eigene Selbstgerechtigkeit. Im Griechischen heißt es wörtlich: »Er betete zu sich selbst.« Er benutzt zwar das Wort »Gott, ich danke dir, dass ich nicht wie die anderen Menschen bin« (Lk 18,11). Doch eigentlich bleibt er beim Beten bei sich. Er schaut nicht auf zu Gott, sondern nur auf sich selbst. Viele Fromme meinen, sie würden zu Gott beten. Aber sie bleiben bei sich. Sie beten zu sich selbst. Sie beten sich selbst an. Sie missbrauchen das Gebet, um ihre eigene Größe darzustellen, um sich vor Gott und vor den Menschen ins rechte Licht zu rücken. Der Zöllner dagegen spürt seinen Abstand zu Gott. Er erkennt vor Gott, wer er in Wirklichkeit ist. So schlägt er sich an die Brust und betet: »Gott sei mir Sünder gnädig!« (Lk 18,13) Jesus gibt nun selbst seinen Kommentar zu diesen beiden Weisen des Betens. Der Zöllner geht aus seinem Gebet als Gerechter nach Hause. Er hat vor Gott seine eigene Wahrheit erkannt und sie ihm voll Reue hingehalten. Der Pharisäer hat Gott nur für seine eigene Selbstdarstellung benutzt. Nur das Gebet, in dem wir uns schonungslos Gott hinhalten, wird uns auf Gott hin ausrichten und gerecht machen.

In seiner Gebetslehre überliefert uns Lukas nicht nur Jesu Worte über das Gebet. Die Person des Autors kommt darin vielmehr selbst zum Vorschein. Lukas ist nicht nur der »weltoffene und problembewusste Literat, der die Hand am Puls der Zeit hat« (Ernst, S. 147), sondern auch ein frommer Mann. Beten ist für ihn der Ort, an dem er Gott begegnet und in den Geist Jesu hineinwächst. Beten ist für ihn auch Erfahrung der Auferstehung. Das hat Lukas uns in der Apostelgeschichte beschrieben. Fünfundzwanzig Mal spricht Lukas darin vom Gebet. Die Urkirche ist eine betende Gemeinde. Wenn die Gemeinde betete, dann bebte der Ort, dann entstand eine Schwingung, und alle »wurden mit dem Heiligen Geist erfüllt« (Apg 4,31). Als Petrus im Gefängnis saß, betete die Gemeinde »inständig für ihn zu Gott« (Apg 12,5). Gott schickt seinen Engel ins Gefängnis zu Petrus. Und dem fallen die Ketten ab, und die Türen öffnen sich. Im Gebet dürfen wir mitten in den Bedrängnissen unseres Lebens Gottes Schutz und liebende Sorge erfahren. Im Gebet haben wir teil am Geist Jesu. Da lernen wir, uns wie Jesus an den Vater zu wenden. Im Gebet ist uns Gott nahe als Vater und Freund. Im Gebet erfahren wir Recht auf Leben. Nur wer betet, versteht, was Jesus uns mit seiner Botschaft und mit seinem Leben vermitteln wollte. Betend wachsen wir hinein in den Geist Jesu. Betend erfahren wir die Erlösung. Denn im Gebet werden die Mächte dieser Welt entmachtet, da verlieren die Schuldgefühle ihre Macht. Da tun sich die Gräber auf, und wir stehen mit Christus auf zum wahren Leben, zum Leben in Gott.

Jesus als der göttliche Wanderer

Was das Lukasevangelium gegenüber seiner Vorlage bei Markus auszeichnet, ist der so genannte Reisebericht, der von Lk 9,51 bis Lk 19,27 reicht. Lukas schildert Jesus hier als den, der nach Jerusalem wandert, der Stadt der Erfüllung, der Stadt, der alle Verheißungen Gottes gelten. Der Weg nach Jerusalem ist für Jesus aber zugleich der Weg zum Leiden, zum Tod und zur Auferstehung. Lukas schildert in seinem Reisebericht den Weg Jesu als Vorbild für unseren Weg. Jesus ist der Anführer des Lebens. Er geht uns voraus. Unsere Aufgabe ist es, ihm nachzufolgen. Dann wird auch unser Weg uns zum wahren Leben führen.

Nicht nur in diesem Reisebericht, sondern im ganzen Evangelium beschreibt Lukas Jesus als den göttlichen Wanderer. Jesus steigt vom Himmel herab, um mit den Menschen zu wandern und immer wieder als Gast bei ihnen einzukehren. Das ist ein typisch griechisches Motiv. Die griechischen Mythen erzählen von Göttern, die in Menschengestalt erscheinen und die Menschen besuchen, um sie auf ihre Gesinnung hin zu prüfen, und um sie zu beschenken. Lukas nimmt dieses Motiv auf, wandelt es aber um. Jesus prüft die Menschen nicht, sondern er unterweist sie und zeigt ihnen Gottes liebende Zuwendung. In Jesus besucht Gott selbst die Menschen. Das Motiv des Besuches durch Gott klingt schon im Lobgesang des Zacharias zwei Mal an: »Er hat sein Volk besucht und ihm Erlösung geschaffen.« (Lk 1,68) Und: »Durch die barmherzige Liebe unseres Gottes wird uns besuchen das aufstrahlende Licht aus der Höhe.« (Lk 1,78) Bei der Auferweckung des

Jünglings von Nain bekennt das Volk: »Ein großer Prophet ist unter uns aufgestanden, und Gott hat sein Volk besucht.« (Lk 7,16) Das griechische Wort »episkeptomai = besuchen« heißt eigentlich: »sehen, übersehen, besehen, betrachten«. Die Griechen stellen sich also vor, dass Gott in Jesus auf die Erde kommt, um sich den Menschen genauer anzusehen und um ihm einen weiteren Horizont zu vermitteln. Jesus ist vom Himmel zu uns gekommen, um uns an unseren göttlichen Kern zu erinnern. Das ist ein Motiv aus der platonischen Philosophie. Jeder Mensch ist eine Idee Gottes. Aber wir haben diese Idee verdunkelt und verstellt. Jesus kommt von Gott zu uns, er schaut uns an, damit wir wieder fähig werden, uns selbst richtig zu sehen, den göttlichen Kern in uns zu entdecken und so mit unserem wahren Wesen in Berührung zu kommen.

Das zweite Motiv, das mit dem Bild des göttlichen Wanderers verbunden ist, ist das der Einkehr bei den Menschen. Jesus kehrt immer wieder bei den Menschen ein, um mit ihnen Mahl zu halten. Als göttlicher Gast bringt er Gastgeschenke mit: Heil und Friede, Gnade (charis) und Freude. Beim Mahl spricht Jesus nicht bloß von Gottes Güte und Menschenfreundlichkeit, sondern er vermittelt sie durch sein Dasein, durch sein Essen und Trinken, durch die Gemeinschaft, die ihn mit den Feiernden verbindet. Kein Evangelist hat so viele Mahlzeiten Jesu berichtet wie Lukas. Das ist ein typisch griechisches Motiv. Xenophon und Platon entwickeln ihre Philosophie bei Gastmählern, bei Symposien. Es gibt eine reiche Symposienliteratur in der griechischen Philosophie. Lukas hat dieses Motiv aufgegriffen. Jesus lehrt die Menschen vor allem beim Mahl. Beim Mahl zeigt er die gnädige Zuwendung Gottes zu den Sündern, so beim Mahl mit dem Zöllner Levi und seinen Freunden (Lk 5,27–32) und beim Mahl mit einem Pharisäer, zu dem die Sünderin hinzustößt, um Jesus die Füße zu salben. Ihr sagt er die

Vergebung Gottes ausdrücklich zu (Lk 7,48). Die Mitte des Evangeliums, das Gleichnis vom verlorenen Sohn, erzählt Jesus bei einem Gastmahl (Lk 14 und 15). Und er erzählt es, um seine Mahlzeiten mit den Sündern zu begründen (Lk 15,1–2). Das letzte Mahl Jesu mit seinen Jüngern gestaltet Lukas als Symposium. Jesus unterhält sich mit den Jüngern über das Wesentliche des Glaubens und der Jüngerschaft. Auch nach der Auferstehung erscheint Jesus den Jüngern beim Mahl. So ist Jesus gerade in der wunderbaren Emmauserzählung der Wanderer, der mit den Jüngern geht und dann mit ihnen Mahl hält. Der Auferstandene geht auch mit uns, oft genug unerkannt. Aber wenn wir miteinander das Brot brechen, dann ist er unter uns gegenwärtig. Dann ist der göttliche Gast bei uns, um uns mit seiner Liebe zu beschenken und uns daran zu erinnern, dass wir Gottes Söhne und Töchter sind, dass wir eine göttliche Würde und einen göttlichen Kern haben.

Lukas liebt die Präposition »syn = mit«. Wir sind mit Jesus auf dem Weg, er nimmt uns mit auf den Weg der Verwandlung. Jesus will uns nach seinem Bild gestalten. Das zeigt Lukas vor allem in der Apostelgeschichte. Das Wandermotiv prägt das Wirken der Jünger Jesu. Die Apostel wandern durch das römische Reich, um die Botschaft Jesu weiterzutragen. In der Kraft und mit dem Geist Jesu erfüllt, bringen sie Gottes Heil zu den Menschen. Während Jesus von Galiläa nach Jerusalem wandert, um dort sein Schicksal und damit die Verheißungen Gottes zu erfüllen, wandern die Jünger Jesu von Jerusalem nach Rom, der Hauptstadt des römischen Reiches. Der Mittelpunkt der Welt wird von Jesu froher Botschaft erhellt. Die Geschichte Jesu kommt erst zur Erfüllung, wenn die ganze Welt von Jesu Geist durchdrungen wird. Die Reaktion der Leute auf die Jünger Jesu ist ähnlich wie auf Jesus. Sie haben den Eindruck, dass Gott selbst in den Jüngern die Menschen besucht. Als Paulus in Lystra einen Gelähmten heilt, glauben die Menschen, dass die Götter in Menschengestalt zu ihnen herabgestiegen sind (Apg 14,11f). Und als Paulus die Schlange, die ihn gebissen hat, von sich wirft, ohne Schaden zu erleiden, meinen die Zuschauer, »er sei ein Gott« (Apg 28,6).

Lukas beginnt seinen großen Reisebericht, in dem er den Gang Jesu nach Jerusalem schildert, mit den Worten: »Als die Tage seiner Hinaufnahme sich erfüllen sollten, richtete er sein Antlitz fest auf den Weg nach Jerusalem.« (Lk 9,51) Das für Lukas typische Wort »Hinaufnahme« bedeutet nicht allein die Himmelfahrt, sondern das Ineinander von Tod, Auferstehung und Aufnahme in den Himmel. In dieser Hinaufnahme kommt der Weg Jesu an sein Ziel. Er ist vom Himmel herabgestiegen. Und nun wird er wieder aufgenommen in den Himmel. Doch der Weg zu diesem Ziel führt über das Leiden, über den Tod. Das gilt auch für uns, die wir mit (syn) Jesus durch viele Bedrängnisse in das Reich Gottes gelangen (Apg 14,22). Jesus ist der Anführer des Lebens. Als Anführer eröffnet er uns den Weg zum wahren Leben. Somit erklärt Lukas durch das Wandermotiv, wie er die Erlösung durch Jesus versteht. Lukas vermeidet Begriffe wie Sühne und Opfer. Denn die sind für Griechen unverständlich. Und wir tun uns heute auch schwer mit solchen Vorstellungen. Doch dass Jesus uns vorangeht und uns den Weg zum Leben eröffnet, das können wir durchaus verstehen. Die Menschen haben seit jeher ihr Leben als Weg verstanden. In den geistlichen Traditionen kennen wir die verschiedenen spirituellen Wege, die uns zu Gott führen. Als Menschen sind wir immer auf dem Weg. Wir können nicht stehen bleiben. Wandernd wandeln wir uns. Jesus versteht sein Leben als dauerndes Wandern: »Heute und morgen und am folgenden Tag muss ich wandern.« (Lk 13,33) Seine Wanderschaft hat als Ziel Jerusalem: »Denn ein Prophet darf nirgendwo anders als in Jerusalem umkommen.« (Lk 13,33) Wenn Lukas den Weg Jesu nach Jerusalem, dem Ort seines Leidens, schildert, dann will er uns damit ermutigen, durch alle Bedrängnisse, die uns auf unserem Weg treffen, vertrauensvoll und mutig zu schreiten. Denn auch uns erwartet die Herrlichkeit Gottes. Auch wir werden im Tod hinaufgenommen in das Reich Gottes, in den Himmel. Tod und Auferstehung Jesu wollen uns die Angst nehmen vor den Gefährdungen, vor unseren Lebenskrisen, vor Scheitern und Zerbrechen unserer Lebensentwürfe. All das sind nur die Bedrängnisse, durch die wir in Gemeinschaft mit Jesus in Gottes Herrlichkeit hineinschreiten.

Auf dem Weg begleiten Jesus nicht nur Männer, sondern in gleicher Weise auch Frauen. Nur Lukas nennt ausdrücklich Frauen als Begleiterinnen Jesu: »Die Zwölf begleiteten ihn, außerdem einige Frauen, die er von bösen Geistern und von Krankheiten geheilt hatte: Maria Magdalene, aus der sieben Dämonen ausgefahren waren, Johanna, die Frau des Chuzas, eines Beamten des Herodes, Susanna und viele andere. Sie alle unterstützten Jesus und die Jünger mit dem, was sie besaßen.« (Lk 8,1–3) Die Frauen begleiten Jesus bis zum Tod am Kreuz. Und sie sind die ersten, die zum Grab Jesu eilen und darin den beiden Engeln begegnen, die ihnen von der Auferstehung Jesu künden: »Er ist nicht hier, sondern er ist auferstanden. Erinnert euch an das, was er euch gesagt hat, als er noch in Galiläa war.« (Lk 24,6) Dieses »euch« zeigt, dass Jesus in Galiläa nicht nur zu den Jüngern, sondern immer auch zu den Frauen gesprochen hat. Sie sind genauso Jüngerinnen Jesu. Das gilt auch für die christliche Gemeinde. Männer und Frauen sind für Lukas gleichberechtigte Jünger und Jüngerinnen Jesu. Ja, die Frauen sind manchmal die Ersten, die den Sinn der Worte Jesu verstehen, während die Männer das, was die Frauen erfahren und worüber sie reden, oft genug für Geschwätz halten (Lk 24,11).

Den Weg des Christen beschreibt Lukas als Nachfolge. Unsere Aufgabe ist es, Jesus nachzufolgen. Das wird zu Beginn des großen Reiseberichts deutlich. Jesus ist von den Samaritern abgewiesen worden. Er ist der Heimatlose, der auf dieser Welt umherwandert, ohne Aufnahme zu finden. Diese Heimatlosigkeit gehört wesentlich zu uns Christen. Lukas bringt das in einer Erzählung zum Ausdruck: »Als sie auf ihrem Weg weiterzogen, redete ein Mann Jesus an und sagte: Ich will dir folgen, wohin du auch gehst. Jesus antwortete ihm: Die Füchse haben ihre Höhlen und die Vögel ihre Nester; der Menschensohn aber hat keinen Ort, wo er sein Haupt hinlegen kann. Zu einem anderen sagte er: Folge mir nach! Der erwiderte: Lass mich zuerst heimgehen und meinen Vater begraben. Jesus sagte zu ihm: Lass die Toten ihre Toten begraben; du aber geh', und verkünde das Reich Gottes! Wieder ein anderer sagte: Ich will dir nachfolgen, Herr. Zuvor aber lass mich von meiner Familie Abschied nehmen. Jesus erwiderte ihm: Keiner, der die Hand an den Pflug gelegt hat und nochmals zurückblickt, taugt für das Reich Gottes.« (Lk 9,57–62) Es sind drei Bilder der Nachfolge, die Lukas uns hier vor Augen führt. Jesus nachfolgen heißt darum wissen, dass wir hier keine letzte Bleibe haben. Weder die Familie noch unser Haus bieten uns ein Nest, in dem wir uns verkriechen können. Wir Menschen haben einen göttlichen Kern. Der treibt uns weiter auf unserem Weg, bis wir in Gott unsere Heimat finden. Jesus antwortet dem, der ihm nachfolgen will, mit einem Sprichwort, das auch den Griechen bekannt war. Während die Tiere alle ihre Behausung haben, ist der Mensch unbehaust. Sein Haus, in dem er wahrhaft zu Hause sein kann, ist allein Gott, zu dem er von seinem Wesen her gehört.

Das zweite Bild der Nachfolge gipfelt in dem provozie-

renden Satz Jesu: »Lass die Toten ihre Toten begraben!«
Den toten Vater zu begraben, das war in Israel heilige
Pflicht. Jesus will sicher nicht dazu aufrufen, sich dieser
Pflicht zu entziehen. Sein Wort ist bildhaft gemeint. Manche Menschen finden ihren eigenen Weg nicht, den Weg,
den Gott ihnen zugedacht hat, weil sie noch zu sehr an
ihrem Vater hängen. Sie haben ihren Vater noch nicht begraben. Sie lassen sich noch von ihm bestimmen. Den
Weg der Nachfolge gehen heißt sich frei machen von allen
familiären Bindungen. Das Reich Gottes ist wichtiger als
die Vaterbeziehung. Wenn Gott im menschlichen Herzen
herrscht, dann geht es nicht mehr darum, die Erwartungen seines irdischen Vaters zu erfüllen. Der Weg Jesu
führt in die Freiheit. Und er zeigt uns, worauf es eigentlich ankommt. Den Vater begraben, sich in Erbauseinan-
dersetzungen aufreiben, das alles ist Tod im Vergleich zu
dem Leben, das uns Jesus durch sein Wort und Beispiel
eröffnet.

Während die ersten beiden Bilder der Nachfolge sich in
kürzerer Form auch bei Matthäus finden (Mt 8,18–22),
ist das dritte Bild allein von Lukas überliefert. Er hat mit
diesem Bild nicht nur die Jünger zur Zeit Jesu im Blick,
sondern auch uns Christen. Viele möchten den Weg gehen, den sie in ihrem Herzen als den ihren erkannt haben.
Sie möchten der Stimme Jesu in ihrem Innern folgen.
Aber sie wollen erst noch Abschied nehmen von ihrer
Familie. Sie möchten ihren Weg allen erklären. Und vielleicht möchten sie, dass alle ihn gutheißen. Doch Jesus
fordert wieder mit einem radikalen Sprichwort dazu auf,
seinem inneren Ruf zu folgen, ohne nach rechts und links
zu schielen, ohne sich abzusichern und sich die Zustimmung seiner Verwandtschaft und seiner Freunde einzuho-
len. Wenn mir im Herzen aufgeht, wer Jesus ist und wohin er mich führen möchte, dann muss ich ihm folgen,
ohne zurückzuschauen. Wer zurückschaut und kontrol-

lieren möchte, ob die Furche, die er in den Acker seiner Seele gezogen hat, gerade ist, der ist unfähig, den Acker wirklich zu bebauen. Bei dem wird nichts wachsen. Das Reich Gottes öffnet unseren Blick nach vorn. Gott – so meint Jesus mit diesem Wort – ist eine so radikale Wirklichkeit, dass alles andere dahinter verblasst. Gott treibt uns auf den Weg. Er eröffnet uns die Zukunft. Die Vergangenheit mit ihren Verletzungen, mit ihrer Nostalgie, die sollen wir begraben, um frei zu sein für den Augenblick, für das, was Gott in jedem Augenblick von uns will.

Nachfolge ist für Jesus Kreuzesnachfolge. Zwei Mal lädt Jesus im Lukasevangelium die Jünger dazu ein, sein Kreuz zu tragen: »Wer nicht sein Kreuz trägt und mir nachfolgt, der kann nicht mein Jünger sein.« (Lk 14,27) Und: »Wer mein Jünger sein will, der verleugne sich selbst, nehme täglich sein Kreuz auf sich und folge mir nach.« (Lk 9,23) Das erste Wort zeigt den Ernst der Nachfolge. Wer Jesus nachfolgt, muss damit rechnen, dass auch sein Weg zum Kreuz führt, in die Verfolgung, Anfeindung und schließlich zum Tod. Das zweite Wort deutet die Kreuzesnachfolge als spirituellen Weg. Lukas setzt hier das Wort »täglich« dazu. Hier ist das Kreuz zum Bild für die täglichen Bedrängnisse und Konflikte geworden. Jeden Tag kommt uns etwas in die Quere. Täglich enttäuschen und verletzen uns Menschen. Wenn wir die täglichen Herausforderungen als Kreuz verstehen, dann werden wir daran nicht zerbrechen, sondern das Kreuz wird uns in eine tiefere Gemeinschaft mit Christus führen. Das Kreuz bricht unser Selbstbild auf. Wir gehen durch den Alltag ja oft mit einem illusionären Idealbild von uns selbst. Wir meinen, wir würden Gottes Willen erfüllen, wir würden unsere Pflicht tun. Wenn uns dann jemand kritisiert und ungerecht behandelt, wenn er uns verletzt und kränkt, dann sind wir oft genug beleidigt und hadern mit unserer Situation. Jesus will uns einladen, uns von diesen täglichen Bedrängnissen aufbrechen zu lassen für Gott. Das bedeutet für mich: sich selbst verleugnen. Dabei ist dieses Wort der Selbstverleugnung oft genug falsch verstanden worden, als ob wir uns selbst völlig aufgeben, uns entwerten oder verbiegen sollen. Das griechische Wort »arneisthai« heißt: verneinen, Widerstand leisten, Abstand gewinnen. Ich soll durch die Kreuzerfahrungen meines Lebens das Ego, das sich aufbläht und sich einbildet, alles diene nur ihm, verneinen, um das eigentliche Selbst zu entdecken. Ich soll Abstand gewinnen zu dem Ego, das alles an sich raffen möchte, um unter diesem Ego meinen eigentlichen Personkern zu erkennen. Dieses Wort Jesu ist keine Aufforderung, mir das Leben besonders schwer zu machen und mir Lasten aufzubürden, sondern eine Einladung, mich vom Leben und seinen täglichen Bedrängnissen für Gott aufbrechen zu lassen. Dann führt mich das Leben zu Gott. Dann wird das Kreuz zum Schlüssel für das Leben. Es schließt mir die Tür auf zu meinem Seelengrund, zu meiner eigenen Tiefe. In der Tiefe erfahre ich, wer ich eigentlich bin, jenseits von Erfolg und Sich-Wohlfühlen, jenseits von Anerkennung und Zuwendung, jenseits von Kritik und Kränkungen.

Die Passionserzählung

Wie Markus und Matthäus erzählt uns auch Lukas die Passion Jesu, seinen Weg über das Kreuz zur Auferstehung. Doch Lukas deutet die Passion Jesu auf seine eigene Weise. Zum einen beschreibt Lukas den Weg Jesu durch das Leiden hin zum Tod am Kreuz und zur Auferstehung, sodass wir darin unseren Weg erkennen können. Lukas will uns durch seine Passionserzählung einladen, unseren Kreuzweg zu gehen. Der Blick auf den Weg Jesu soll uns ermutigen, vor den Bedrängnissen, die uns auf unserem Weg treffen, nicht auszuweichen, sondern durch sie hindurch zu gehen. So wie Jesus seinen Weg über das Kreuz zur Auferstehung geht, so sollen auch wir »durch viele Bedrängnisse in das Reich Gottes hineingehen« (Apg 14,22). Lukas sieht in der Passion Jesus in seiner Menschlichkeit. Er ist der wahrhaft gerechte Mensch, der uns zeigt, wie wir richtig unseren Weg gehen, wie wir mitten im Leiden an unserer Menschenfreundlichkeit (am griechischen Ideal der philanthropia) festhalten können.

Das zweite Motiv, das Lukas bei seiner Passionsgeschichte leitet, ist das Motiv der Erlösung. Lukas will aufzeigen, wie dieser Jesus von Nazareth uns durch seinen Tod und seine Auferstehung erlöst, gerettet, geheilt hat. Dabei verzichtet er auf die jüdischen Begriffe wie Sühne und Opfer, mit denen sich die Griechen schwer taten. Es sind auch Begriffe, die uns heute Kopfzerbrechen bereiten. Lukas sieht die erlösende Bedeutung des Kreuzes anders. Jesus ist der Anführer zum Leben (archegos tes zoes). Er geht uns voraus. Er öffnet uns den Weg, damit wir ihm auf diesem Weg in die Herrlichkeit Gottes folgen können. Die Herrlichkeit Gottes (doxa theou) ist zugleich die Gestalt, die Gott sich von jedem von uns gemacht hat. Jesu Weg ist also unser Weg zu dem einmaligen Bild, das Gott sich von jedem von uns gemacht hat. Jesus ist der wahrhaft gerechte Mensch. Wenn wir auf ihn schauen, werden wir richtig, ausgerichtet auf Gott, aufgerichtet in unserer Würde, gerecht gemacht durch Gott.

Die Botschaft, die Lukas für die Griechen und für uns heute vermitteln möchte, lautet: Jesus ist der Retter. Er hat uns durch seinen Tod am Kreuz erlöst. Doch wie sollen wir das verstehen? Wie kann das, was damals am Kreuz geschah, für uns eine heilende und erlösende Wirkung haben? Zwei griechische Denkmodelle helfen Lukas, die Erlösung durch Jesus zu erklären. Das eine Modell ist die Vorstellung vom Schauspiel. Lukas schildert den Weg Jesu als ein Schauspiel. Dieses Schauspiel hat seinen Höhepunkt im Tod Jesu am Kreuz: »Alle, die zu diesem Schauspiel herbeigeströmt waren und sahen, was sich ereignet hatte, schlugen sich an die Brust und gingen betroffen weg.« (Lk 23,48) Für die Griechen war das Schauspiel etwas, das sie in der Tiefe ihres Herzens berührte. Ein Schauspiel sieht man sich nicht als unbeteiligter Zuschauer an, sondern man wird in es hineingezogen. Das Schauspiel will die Emotionen und Leidenschaften des Menschen reinigen. Indem es die Höhen und Tiefen, die Licht- und Dunkelseiten des Menschen und alle Abgründe seiner Seele darstellt, führt es zur »Katharsis«, zur Reinigung und Läuterung des Menschen. Das Schauspiel verwandelt den Menschen. Indem wir auf das Schauspiel schauen, das Lukas uns in seinem Evangelium und vor allem in der Passionserzählung vor Augen führt, werden wir verwandelt. Wir sollen uns wie die damaligen Zuschauer an die Brust schlagen und umkehren. Wir sollen in unserem Herzen angerührt werden, um so einen neuen Weg zu gehen, den Weg, der wirklich zum Leben führt.

Das zweite Denkmodell, das Lukas anführt, um die heilende und erlösende Wirkung des Todes Jesu zu erklären, ist das Bild des gerechten Menschen. Jesus ist der wahrhaft gerechte Mensch. Der Hauptmann bekennt bei Lukas nicht, dass Jesus Gottes Sohn war (wie bei Matthäus und Markus), sondern: »Das war wirklich ein gerechter Mensch.« (Lk 23,47) Lukas will Jesus als die Erfüllung der griechischen Sehnsucht nach dem gerechten Menschen darstellen. In der griechischen Philosophie sind das Gute, das Schöne, das Geziemende und das Gerechte das, was den wahren Menschen ausmacht. Die Gerechtigkeit ist für Platon die erste der vier Kardinaltugenden. Sie geht alle Seelenteile an und bringt sie miteinander in Einklang. Die Gerechtigkeit ist »die beste Verfassung der Seele« (RAC, S. 256). Das Ziel der Gerechtigkeit ist die »Sorge für die Seele« (ebd., S. 257). Jesus ist am Kreuz der gerechte Mensch. Er zeigt, wie ein gerechter Mensch aussieht, wie die Seele in ihrer besten Verfassung ist. Und Jesus ist der, der für unsere Seele sorgt, damit wir den Mut haben, richtig zu leben. Platon stellt im Dialog »Gorgias« seinen Lehrer Sokrates als Vorbild der Gerechtigkeit dar. Dem Gerechten macht es nichts aus, getötet zu werden. Sokrates vergleicht sich mit dem Arzt, der vom Koch angeklagt wird, weil er den Kindern bittere Getränke gibt, die ihre Wunden heilen sollen. Wie Sokrates hat Jesus den Menschen nicht nach dem Mund geredet. Er ist der Arzt, der uns die Arznei reicht, die unsere Kränkungen heilt. Doch er wurde vom Koch, von den Menschen, denen es nur um sie selbst und ihr eigenes Wohlbefinden ging, angeklagt. Wenn der Hauptmann Jesus als den gerechten Menschen verkündet, dann will Lukas den Griechen sagen: Das ist der wahrhaft gerechte Mensch, auf den ihr seit Platon gewartet habt. Er ist der Arzt für eure Seelen. Wenn ihr auf ihn schaut, werdet ihr selber gerecht, ausgerichtet auf Gott. Der Blick auf Jesus am Kreuz macht euch richtig, stimmig. Er bringt euch in Einklang mit euch selbst. Darin bestehen für Lukas Erlösung, Befreiung und Heilung.

Das Abschiedsmahl Jesu

Ich möchte nur an ein paar Beispielen zeigen, wie Lukas die Passion Jesu für griechische Leser (und auch für uns heute) umschreibt und verständlich zu machen sucht. Es beginnt schon mit dem Abschiedsmahl Jesu, das Lukas als Festmahl mit Tischgesprächen beschreibt. Diese Tischgespräche haben für Lukas den Charakter von Abschiedsreden. Der scheidende Jesus gibt den Jüngern sein Vermächtnis, ähnlich wie Sokrates vor seinem Tod durch den Schierlingsbecher seine wichtigsten philosophischen Einsichten verkündet. Bei diesem Abschiedsmahl zeigt Jesus den Jüngern nochmals seine Liebe. Wenn er sonst bei den Mahlzeiten den Sündern Gottes Barmherzigkeit erwiesen hat, so gipfelt seine Liebe nun darin, dass er sich selbst den Jüngern gibt in den Zeichen von Brot und Wein. Er hat sich danach gesehnt, mit den Jüngern dieses Paschamahl zu essen (Lk 22,15) und ihnen in der Zeichenhandlung des gebrochenen Brotes und des Kelches das Vermächtnis seiner Liebe zu hinterlassen. Wenn die Jünger als Gemeinde zusammen kommen und miteinander das Brot brechen, erinnern sie sich an Jesu Liebe, wird Jesu Liebe, die in seiner Hingabe am Kreuz gipfelt, für sie erfahrbar.

Nach dem Mahl beginnen die Tischgespräche. Das wichtigste Thema, das Lukas hier herausgreift, ist das Thema des Herrschens und Dienens (Lk 22,24–27). Jesus als der Herr wird zum Diener der Jünger, zum diakonos, zum Tischdiener. Der Tischdiener ist der, der dem Leben dient, der der Gemeinde ein fröhliches Fest ermöglicht, der Leben und Freude in den Feiernden hervorlockt. Jesus will in diesem Wort das Wesen seiner Sendung ausdrücken. Er ist nicht wie die Könige der Völker, die andere unterdrücken. Er dient den Menschen, damit sie voll Freude Gottes Gaben genießen. Aber sein Verhalten soll nun auch den Jüngern zum Vorbild werden. Sie sollen nicht danach streben, andere klein zu machen, um an ihre Größe glauben zu können. Jesus zeigt die Umkehrung aller Verhältnisse: Der Führende wird zum Diener, der Größte zum Kleinsten. Christ ist der, der in den Menschen das Leben weckt, das Gott ihnen geschenkt hat.

Und dann mahnt Jesus den Petrus, er solle seine Brüder stärken. Darin besteht sein Vermächtnis an die Jünger. Sie werden durch den Tod Jesu am Kreuz in ihrem Glauben angefochten. Doch Jesus betet für sie, speziell für Petrus, der hier als Prototyp des Jüngers erscheint, dass ihr Glaube nicht erlischt. Aber Petrus muss selbst umkehren, sich bekehren. Nur dann kann er seine Brüder im Glauben stärken. Und dann schildert Lukas, wie Jesus selbst angefochten wird und im Gebet sich durchringt, den Willen Gottes zu erfüllen. Lukas beginnt die Szene am Ölberg mit der Aufforderung an die Jünger: »Betet darum, dass ihr nicht in Versuchung geratet!« (Lk 22,40) Nur im Gebet kann Jesus die eigene Versuchung bestehen. Und nur das Gebet kann die Jünger in den vielen Anfechtungen stärken, die sie erwarten werden. Am Ölberg kommt Jesus an seine Grenze. Er spürt, dass der Weg ans Kreuz ihn menschlich überfordert. Jesus wird mit seiner Angst konfrontiert. Er gerät in »Agonie«. Agonie ist »die letzte Spannung der Kräfte vor hereinbrechenden Entscheidungen und Katastrophen« (Grundmann, S. 412). In seiner Todesangst rinnt ihm sein Schweiß von der Stirn wie Blut, »das auf die Erde tropfte« (Lk 22,44). Ein Engel vom Himmel stärkt ihn und gibt ihm neue Kraft. Lukas schildert Jesus hier als Urbild des betenden Menschen. Beten ist Ringen mit Gott. Ohne Gebet sind wir unserer Angst hoffnungslos ausgeliefert. Das Gebet schenkt uns die Kraft, die Versuchungen und Anfechtungen unseres Lebens zu bestehen. Wir sind nicht allein gelassen in unserem Beten. Gott wird auch uns seinen Engel schicken, um uns beizustehen und uns neue Kraft für unseren Weg zu schenken.

Der Passionsweg Jesu

Nach dem Gebet ist Jesus gestärkt, den Weg seines Leidens zu gehen. Der Passionsweg beginnt mit der Gefangennahme. Lukas übernimmt in seiner Passionserzählung weite Teile des Markusevangeliums. Aber dennoch gibt er seiner Schilderung ein eigenes Gepräge. Jesus ist hier mehr der Handelnde als bei Markus. Er spricht von sich aus den Verräter an: »Judas, mit einem Kuss verrätst du den Menschensohn?« (Lk 22,48) Als einer seiner Jünger dem Diener des Hohenpriesters das rechte Ohr abschlägt, heilt Jesus den Mann. Selbst in seinem Leiden ist er noch der Arzt, der sich um die Wunden seiner Gegner kümmert. Das Kommando, das Jesus gefangen nimmt, ist bei Lukas eine rein jüdische Gruppe. Lukas hat die Tendenz, die Rolle der Römer bei der Hinrichtung Jesu zu verharmlosen und alle Schuld den Juden zuzuschieben. Darin liegt die Absicht, das Christentum im römischen Reich hoffähig zu machen. Der Historiker Lukas hält sich hier nicht an die Fakten, sondern deutet sie in seinem Sinn. Er kennt die rechtlichen Verhältnisse in Jerusalem nicht so gut. So ist es sein Bestreben, die Vorgänge im Haus des Hohenpriesters, den Verrat des Petrus und die Verspottung durch die Wächter so zu schildern, dass die Erzählung für die Leser spannend und einleuchtend wird. Bei allem, was Lukas schreibt, spürt man den begabten Schriftsteller, der einen Sinn für dramatischen und kunstvollen Aufbau hat.

Die Versammlung der Juden führt Jesus zu Pilatus. Pilatus, der brutale römische Prokurator, wird von Lukas als verständnisvoll geschildert. Lukas möchte den römischen Statthalter zum Zeugen von Jesu Schuldlosigkeit machen (Grundmann, S. 421). Nur Lukas schildert die Überweisung Jesu an Herodes (Lk 23,6–12). Offensichtlich möchte Lukas neben Pilatus auch Herodes als Zeugen für die Unschuld Jesu anführen. Lukas beschreibt Herodes wie einen hellenistischen Gebildeten, der auf interessante Dinge aus ist, auf Wunderzeichen und besonders gelehrte Worte. Doch Jesus enttäuscht seine Wundersucht. Er schweigt. Sein Schweigen ist Zeichen des Gottesknechtes und als solches für die jüdischen Leser verständlich. Doch auch die Hellenisten kennen das Schweigen als Zeichen der Göttlichkeit, etwa im Mithraskult. Durch das Schweigen Jesu wandelt sich die Bewunderung des Herodes in Verachtung und Verspottung. Herodes ist kein gebildeter und weiser Mensch, sondern einer, der nur auf Sensationen aus ist. So kommt in der Begegnung mit Jesus sein wahres Wesen zum Vorschein. Indem wir das Schauspiel der Passion betrachten, werden wir mit unserer eigenen Wahrheit konfrontiert. Wir erkennen, wer wir in Wahrheit sind. Unser Wesen wird offenbar. Herodes beweist seine Falschheit, indem er Jesus ein weißes Prunkgewand anzieht und ihn zurück zu Pilatus schickt. Die beiden werden an diesem Tag Freunde.

Nun ruft Pilatus die Hohenpriester und die anderen führenden Männer zusammen. Er bekundet vor allen Jesu Unschuld und zieht dabei auch Herodes als Zeugen der Unschuld heran. Doch die Reaktion der jüdischen Menge fordert die Kreuzigung Jesu. Drei Mal beteuert Pilatus die Unschuld Jesu. Doch die Juden setzen sich mit ihrem Geschrei durch. Lukas vermeidet es, von einem ausdrücklichen Todesurteil des Pilatus zu sprechen. Pilatus gibt einfach dem Druck der Menge nach und liefert

Jesus den Juden aus. Das entspricht sicher nicht der Geschichte. Denn nur die Römer hatten das Recht zur Kreuzigung. Lukas lässt die Verspottung Jesu durch die römischen Soldaten weg. Er tut so, als führten die Juden Jesus
zur Kreuzigung. Erst am Kreuz selbst führt er die Soldaten ein.

Auf dem Weg zum Kreuz begegnet Jesus Simon aus Ky-
rene und den klagenden Frauen (Lk 23,26–31). Wieder
sind es Männer und Frauen, die Jesus auf dem Kreuzweg
begleiten. Beide haben Vorbildfunktion. So wie Simon
das Kreuz hinter Jesus herträgt, so sollen es auch die Jünger auf sich nehmen und Jesus nachfolgen. Die weinenden Frauen spricht Jesus an: »Ihr Töchter von Jerusalem,
weint nicht über mich, weint über euch und eure Kinder.«
(Lk 23,28) Jesus will nicht ihr Mitleid, sondern ihre Umkehr. Das ist wohl auch die Mahnung an die Leser. Wenn
wir die Passion Jesu lesen und meditieren, sollen wir nicht
in Mitleid zerfließen, sondern umkehren und anders leben. Die Passion Jesu will unser Denken und Handeln
verwandeln. Sie will uns als geänderte und verwandelte
Menschen entlassen. Der Tod am Kreuz ist der lauteste
Mahnruf zur Umkehr, den Jesus in seinem Leben zu geben vermochte.

Die Kreuzigung

Die Darstellung der Kreuzigung hat Lukas wiederum
kunstvoll aufgebaut. Auch hier verwendet er das Stilmittel der Polarität. Jesus wird zwischen zwei Verbrechern
gekreuzigt, einem reumütigen und einem verhärteten.
Das Kreuz Jesu kann uns zur Reue führen. Doch wir können es auch mit harten Herzen betrachten. Dann heilt
und erlöst es uns nicht. Auch am Kreuz ist Jesus der Beter.
Er betet für seine Henker: »Vater, vergib ihnen, denn sie

wissen nicht, was sie tun.« (Lk 23,34) Am Kreuz eröffnet Jesus für alle Menschen die Möglichkeit zur Umkehr. Wer Jesu Liebe selbst zu den Mördern sieht, der darf darauf vertrauen, dass auch ihm vergeben wird. So stellt die Kreuzigung Jesu die vergebende Liebe Gottes in ihrer letzten Konsequenz dar. Bei Lukas bewirkt das Kreuz nicht die Vergebung, sondern bringt sie zum Ausdruck und vermittelt sie auf diese Weise uns Sündern. Wer auf Jesu vergebende Liebe schaut, weiß in seinem Herzen, dass ihm alle seine Schuld vergeben wird.

»Die Leute standen dabei und schauten zu.« (Lk 23,35) Es ist ein Schauspiel, das sich dem Volk hier darbietet. Das Schauspiel hat die Bedeutung, die Emotionen anzusprechen und sie dadurch zu reinigen. Zunächst sehen die Zuschauer, wie Jesus dreifach verspottet wird, von den führenden Männern, von den Soldaten und vom Schächer auf der Linken. Diesem Spott tritt das Bekenntnis des Schächers auf der rechten Seite entgegen: »Uns geschieht recht, wir erhalten den Lohn für unsere Taten; dieser aber hat nichts Unrechtes getan.« (Lk 23,41) Und dann bittet der Mitgekreuzigte Jesus, er möge an ihn denken, wenn er in sein Reich komme. Jesus antwortet ihm: »Amen, ich sage dir: Heute noch wirst du mit mir im Paradies sein.« (Lk 23,43) Jesu erbarmende Liebe kommt hier am Kreuz zur Vollendung. Sie bietet jedem Menschen selbst in der Todesstunde noch die Chance der Umkehr. Und Jesu Zusage an den Schächer zur Rechten verheißt auch uns, dass wir im Tod von Jesus ins Paradies geführt werden. Im Tod vollendet sich das Heute, da wird der Tod Jesu für uns reine Gegenwart und gibt uns die Gewissheit, dass wir heute noch mit ihm in Gottes Herrlichkeit eintreten.

Dann schildert Lukas den Tod Jesu. Hier wird er wieder zum Geschichtsschreiber. Er gibt genau die Stunde des Todes an. Aber zugleich ist die Angabe der Zeit symbolisch gemeint. Mitten am Tag verdunkelt sich die Sonne, und Finsternis bricht über das ganze Land herein. Jesus stirbt nicht mit einem Schrei, sondern betend: »Vater, in deine Hände lege ich meinen Geist.« (Lk 23,46) Während die Posaunen vom Tempel herüberschallen und zum Abendgebet auffordern, betet Jesus mit den Worten des Psalms 31. Dieser Psalm war das Abendgebet der frommen Juden. Doch Jesus leitet das Gebetswort des Psalms mit der ihm eigenen Abba-Anrede ein. Im Tod stirbt er in die liebenden Arme seines Vaters hinein. Da kehrt er heim zu seinem Vater, den er mit dem kindlich-zärtlichen »Abba = lieber Vater, Papa« anspricht. Der Tod ist für Jesus – so will es Lukas mit seiner Schilderung ausdrücken – nichts Schreckliches, sondern Vollendung der Liebe. Da erfüllt sich, was Jesus schon als Kind den Lehrern im Tempel gesagt hat: »Wusstet ihr nicht, dass ich in dem sein muss, was meinem Vater gehört?« (Lk 2,49) Das Gebet trägt Jesus durch die Pforte des Todes hindurch in die liebenden Arme des Vaters hinein. Das ist die Verheißung, die Lukas im Sterben Jesu sieht. Betend werden auch wir im Tod nicht in ein Nichts fallen, sondern in Gottes Liebe hinein. Jesus haucht seinen Geist aus. Er gibt seinen Geist Gott zurück. Auch hier verbindet Lukas wiederum jüdische und griechische Elemente. Jesus betet mit den Worten eines jüdischen Psalms. Aber der Tod selbst wird in der Sprache der hellenistischen Umwelt beschrieben. Mit ähnlichen Worten hat Seneca den Tod des Herakles beschrieben: »Nimm meinen Geist, ich bitte dich, zu den Sternen auf! ... Siehe, mein Vater ruft mich und öffnet den Himmel. Ich komme, Vater, ich komme.« (Grundmann, S. 435)

Lukas erzählt nun eine dreifache Reaktion auf den Tod Jesu. Auf die dreifache Verspottung gibt es nun eine dreifache Bekräftigung. Zunächst preist der römische Hauptmann Gott. Er sieht also im Sterben Jesu Gott selbst am Werk. Daher lobt er Gott für diesen Menschen. Im Gegensatz zu Matthäus und Markus bekennt er nicht, dass er Gottes Sohn war, sondern: »Wahrhaft, dieser Mann war gerecht.« (Lk 23,47) Platon hat in einem Symposium von einem Menschen gesprochen, der nicht so voller Intrigen ist wie wir, von einem, der wahrhaft gerecht ist. Er wird von den Menschen aus der Stadt herausgetrieben und getötet. Dieser Gerechte, nach dem die Griechen sich gesehnt haben, ist Jesus. Doch in diesem Gerechten sehen auch die Juden ihre Sehnsucht nach dem Messias erfüllt. Denn der Messias ist der Gerechte, den Gott den Menschen sendet. Indem der Hauptmann das Wesen Jesu als das eines gerechten Menschen erkennt, geht ihm Gottes Herrlichkeit auf. Damit beschreibt Lukas die Beziehung Jesu zu Gott. Er benutzt nicht den Begriff »Gottes Sohn«, sondern er beschreibt den Menschen Jesus so, dass den Zuschauern Gott aufgeht.

Die zweite Reaktion kommt von der Volksmenge. Von diesen Menschen heißt es, sie seien zum Schauspiel zusammengeströmt. Und sie schauten dem Geschehen zu. Die Geschichte Jesu ist ein Schauspiel, kein erdichtetes, sondern ein reales. Aber die Wirkung ist die gleiche wie bei einem griechischen Schauspiel. Die Leute »schlugen sich an die Brust und gingen betroffen weg« (Lk 23,48). Sie haben sich bekehrt. Sie sind umgekehrt. Sie haben sich betreffen lassen. Der Tod des gerechten Menschen hat sie verwandelt. Sie gehen anders vom Schauspiel heim, als sie gekommen waren. Auch wir können den Tod Jesu nicht einfach objektiv betrachten. Wenn wir ihn wirklich meditieren, wenn wir wirklich hinschauen, dann verwandelt er uns, dann können wir nicht mehr so leben wie bisher. Für die Griechen ging die Gotteserfahrung wesentlich über das Schauen hinaus. Indem ich Jesus am Kreuz sterben sehe, schaue ich Gott, sehe ich den Himmel offen. Das Schauspiel des Kreuzes wird so zum dichtesten Ort der Gotteserfahrung. Indem ich auf diesen gerechten Menschen schaue, der unschuldig am Kreuz hängt und sogar noch für seine Mörder betet, geht mir Gott auf. Da öffnet sich mir der Himmel, und das Geheimnis göttlicher Liebe wird sichtbar.

Die dritte Reaktion auf den Tod Jesu schreibt Lukas allen Bekannten und den Frauen zu, die Jesus »seit der Zeit in Galiläa nachgefolgt waren« (Lk 23,49). Von ihnen allen heißt es nur, dass sie da standen und alles sahen. Sie halten bei Jesus aus. Sie bleiben stehen und fliehen nicht angesichts seines Todes. Und sie sehen alles. Hier benutzt Lukas nicht »theorein = bei einem Schauspiel zuschauen, betrachten, erwägen«, sondern »horan = sehen, aufmerksam wahrnehmen, unverwandt im Auge behalten«. Es ist mehr das sinnliche Schauen, das noch nicht versteht, das aber alles im Auge behält, das den Eindruck des Gesehenen tief ins Herz fallen lässt, bis das Herz versteht, was es gesehen hat. Und Lukas berichtet noch einmal vom Schauen. Die Frauen geben Joseph aus Arimathäa das Geleit, der den Leichnam Jesu vom Kreuz abnimmt und ihn in ein Felsengrab legt, in dem noch niemand bestattet worden war. Die Frauen »schauten das Grab an und wie sein Leichnam hineingelegt wurde« (Lk 23,55, Übersetzung von Grundmann). Hier benutzt Lukas das griechische Wort »etheasanto = sie schauten, betrachteten aufmerksam, mit Verwunderung«. Dieses Wort wird auch vom geistigen Schauen gebraucht. Es ist ein Einsehen, Verstehen. Indem Jesus in das Felsengrab gelegt wird, in das noch nie jemand gelegt worden war, geht ihnen der

Sinn dieses Geschehens auf. Bultmann sieht in diesem unberührten Felsengrab einen Verweis auf den »kultischen« Charakter Jesu (Grundmann, S. 437). Es ist ein kultisches Schauen, wie bei den griechischen Mysterienkulten. Die Frauen schauen auf das unberührte Grab und auf Jesu Leichnam, und sie ahnen, dass Gott da etwas ganz und gar Neues wirken wird, etwas Unverfälschtes, Unberührtes. In der Auferstehung wird Jesus in die Klarheit Gottes hinein auferstehen.

Der Tod Jesu ist für Lukas Modell auch für das Sterben des Christen. So beschreibt der Evangelist in der Apostelgeschichte das Sterben des Stephanus in ähnlichen Worten wie den Tod Jesu. Dem Stephanus geht gerade in seinem Tod das Geheimnis Jesu auf. »Er aber, erfüllt vom Heiligen Geist, blickte zum Himmel empor, sah die Herrlichkeit Gottes und Jesus zur Rechten Gottes stehen und rief: Ich sehe den Himmel offen und den Menschensohn zur Rechten Gottes stehen.« (Apg 7,55f) Da erfüllt sich sein Schauen. Da schaut er nicht mehr nur den Menschen Jesus, sondern er sieht den Himmel offen, und er schaut Jesus in seiner Herrlichkeit bei Gott. Im Sterben des Stephanus deutet Lukas den Tod Jesu. Wer Jesu Tod am Kreuz meditierend anschaut, der sieht den Himmel offen. Und in ihm wird das Vertrauen wachsen, dass sich sein Schauen in seinem eigenen Sterben erfüllen wird. Da wird er wahrhaft Gott schauen und in Gott Jesus. Jesus steht zur Rechten Gottes. Er ist aufrecht. Er ist auferstanden und steht nun immer für uns ein, damit auch unser Sterben gelingt. Stephanus stirbt mit den Worten: »Herr Jesus, nimm meinen Geist auf!« (Apg 7,59) Jesus hat seinen Geist Gott übergeben. Wir werden in unserem Tod von Jesus für immer aufgenommen in seine Gemeinschaft mit dem Vater.

Auferstehungsgeschichten

Lukas erzählt uns als einziger Evangelist nicht nur von der Auferstehung, sondern auch von der Himmelfahrt Jesu. Jesus ist vom Himmel herabgestiegen, um mit uns Menschen zu wandern und unsere Wege mitzugehen. In seinem Tod und seiner Auferstehung kehrt er wieder zum Himmel zurück. Dort sitzt er zur Rechten Gottes und tritt für uns ein. Und er sendet uns den Heiligen Geist, damit wir in der Kraft des Geistes die gleichen Taten vollbringen wie er und die Botschaft vom Reich Gottes in alle Welt hinaus tragen. Es sind vor allem zwei Gedanken, die Lukas in seiner Botschaft von der Auferstehung und Himmelfahrt Jesu entfaltet: Zum einen möchte er darlegen, dass Jesus nicht im Tod bleiben konnte, weil er von Gottes Geist erfüllt und Sohn Gottes war. Zum anderen dient ihm der Gedanke der Himmelfahrt dazu, die Kontinuität des Wirkens Jesu zum Ausdruck zu bringen. Jesus steht seinen Jüngern vom Himmel aus bei. Er sendet seinen Geist, damit der Geist die Jünger antreibt, auf der ganzen Welt die Botschaft vom Heil zu verkünden und den Menschen den Weg zum Leben zu zeigen.

Psalm 16 als Begründung für die Auferstehung

Lukas hat seine Auferstehungstheologie vor allem in der Pfingstpredigt des Petrus entfaltet. Petrus wirft den Juden vor, dass sie Jesus, den Gott doch durch Wunder und Zeichen beglaubigt hat, »durch die Hand von Gesetzlosen ans Kreuz geschlagen und umgebracht« (Apg 2,23) haben. »Gott aber hat ihn von den Wehen des Todes befreit und auferweckt; denn es war unmöglich, dass er vom Tod festgehalten wurde.« (Apg 2,24) Und dann zieht Petrus als Begründung für die Auferstehung Psalm 16 heran. Der Beter dieses Psalms hat Gott beständig vor Augen. Die innige Lebensgemeinschaft mit Gott, die der Beter erfährt, schenkt ihm die Gewissheit, dass diese Gemeinschaft auch durch den Tod nicht zerstört werden kann: »Darum freut sich mein Herz und frohlockt meine Zunge, und auch mein Leib wird in sicherer Hoffnung ruhen; denn du gibst mich nicht der Unterwelt preis, noch lässt du deinen Frommen die Verwesung schauen. Du zeigst mir die Wege zum Leben, du erfüllst mich mit Freude vor deinem Angesicht.« (Apg 2,26–28) Jesus hat durch den Geist, mit dem er erfüllt war, eine so tiefe Gemeinschaft mit Gott erfahren, dass er auch im Tod nicht aus ihr fallen konnte. Gott selbst hat ihn auferweckt. Und so ist er für uns zum »Anführer des Lebens« (Apg 3,15) geworden. Der Begriff »archegos tes zoes = Anführer in das Leben, Anfänger des Lebens« ist für Lukas zum Zentralbegriff seiner Auferstehungstheologie geworden (Apg 3,15). Jesus wird auch die, die sich mit ihm verbinden, zum Leben führen, zu einem Leben, das auch durch den Tod nicht zunichte werden kann. Es geht Lukas in seiner Auferstehungstheologie vor allem um die Frage nach dem Leben. Jesus führt uns als der Auferstandene zum wirklichen Leben. Die Aufgabe der Apostel besteht darin, »Worte des Lebens« (Apg 5,20) zu verkünden. Jesus zeigt uns in der Auferstehung »die Wege zum Leben« (Apg 2,28). Auch den Heiden hat Gott die »Umkehr zum Leben« (Apg 11,18) geschenkt. Die Sehnsucht nach Leben war nicht nur den Griechen bekannt. Sie ist heute genauso aktuell. Wonach sich junge Menschen heute vor allem sehnen, das ist: wirklich zu leben, erfüllt zu leben. Leben ist das höchste Gut. Auf diese Sehnsucht antwortet

Lukas. Jesus ist der Anführer zum Leben. Wenn wir ihm folgen, werden wir das Leben finden. Diese Botschaft von der Auferstehung wollte Lukas in die Herzen der Griechen hineinsprechen. Er will sie auch uns heute verkünden, damit wir nicht falschen Versprechungen nachlaufen, die uns statt zum Leben in die Enttäuschung führen. Jesus, der Auferstandene, kann uns allein zum wahren Leben führen.

Doch gehen wir die Auferstehungsgeschichten im Evangelium kurz durch. Lukas beschreibt die Begegnung mit dem Auferstandenen auf seine eigene Weise. Er verarbeitet das, was ihm vorgegeben ist. Dabei lässt er sich von der Vorstellung des Ostertages leiten, der an jedem Sonntag in der Gottesdienstfeier der Gemeinde gegenwärtig wird. In drei Bildern fasst Lukas die Ostererscheinungen zusammen und in ihnen das Geheimnis Jesu Christi und seiner Jünger. Während Matthäus und Markus von den Ostererscheinungen in Galiläa berichten, lässt sie Lukas alle in Jerusalem stattfinden. Jerusalem ist der Ort der Auferstehung und der Ort, von dem aus die Botschaft vom Heil in die ganze Welt hinausgeht. In den drei Osterbildern zeigt uns Lukas, wie die Auferstehung heute an uns geschehen könnte. Wenn wir diese Bilder meditieren, geht uns das Leben auf, zu dem uns der Anführer des Lebens führen möchte.

Die Frauen am Grab

Das erste Osterbild, das uns Lukas malt, ist die Begegnung der Frauen mit den beiden Auferstehungsengeln am leeren Grab. Die Frauen finden den Stein vom Grab weggewälzt. Auferstehung heißt für uns, dass der Stein, der uns blockiert, weggerollt wurde, dass das Leben in uns nicht mehr unter Verschluss liegt. Als die Frauen ratlos ins leere Grab gehen und dort den Leichnam Jesu nicht finden, treten zwei Männer in leuchtenden Gewändern zu ihnen und sprechen sie an: »Was sucht ihr den Lebenden bei den Toten? Er ist nicht hier, sondern er ist auferstanden. Erinnert euch an das, was er euch gesagt hat, als er noch in Galiläa war: Der Menschensohn muss den Sündern ausgeliefert und gekreuzigt werden und am dritten Tage auferstehen.« (Lk 24,5–7) Die Engel reden die Frauen mit einem Sprichwort an. Es hat keinen Zweck, den Lebenden bei den Toten zu suchen. Auferstehung bedeutet Leben. Christus lebt. Und den Lebenden sucht man nicht im Grab. Wenn wir Jesus, dem Auferstandenen, begegnen wollen, werden wir ihn nicht in der Vergangenheit finden und auch nicht in toten Buchstaben oder in starren Gesetzen. Wir werden ihm dort begegnen, wo das Leben ist. Jesus will uns zum Leben führen. Unser Blick muss nach vorn gehen und nicht zurück in die Vergangenheit. Es hat wenig Sinn, über die Richtigkeit seiner Worte zu streiten. Wir sollen dem Leben trauen, das sie in uns wecken möchten.

Bei Markus verweist der Engel die Frauen nach Galiläa. Dort werden sie den Auferstandenen treffen. Bei Lukas erinnern die Engel die Frauen an die Worte, die Jesus in Galiläa zu den Jüngern und Jüngerinnen gesprochen hat. Das leere Grab lässt die Worte Jesu in einem neuen Licht erscheinen. Auferstehung heißt ein neues Verständnis der Worte Jesu. Indem wir uns aufgrund der Auferstehung Jesu an die Worte Jesu erinnern, die er während seines Lebens gesprochen hat, geht uns das eigentliche Geheimnis Jesu auf. Ostern ist der Schlüssel, der uns den Sinn der Worte Jesu aufschließt. Die Frauen erinnern sich der Worte Jesu und verstehen sie. Ostern geschieht bei ihnen in einem neuen Verständnis der Worte. Sie kehren zurück nach Jerusalem und berichten den Jüngern, was sie gesehen und gehört haben. Doch diese halten ihre Worte für

Weibergeschwätz. In diesem Ausdruck klingt die Kränkung der Männer nach, die den Frauen den Vortritt in der Auferstehungserfahrung und offensichtlich auch im Glauben an den Auferstandenen lassen mussten.

Die Emmausjünger

Und dann erzählt Lukas die wohl schönste Ostergeschichte, die es gibt: die Begegnung Jesu mit den Emmausjüngern. Hier wird das Wandermotiv wieder aufgegriffen. Jesus ist der unerkannte Wanderer, der mit den beiden Jüngern geht, die enttäuscht die Stadt Jerusalem verlassen. Denn die Hoffnung, auf die sie gesetzt haben, hat sich nicht erfüllt. Jesus, von dem sie meinten, er sei ein großer Prophet, ist gekreuzigt worden. Doch weil sie noch miteinander über ihre Enttäuschung reden, kann der Auferstandene mit ihnen ins Gespräch kommen und ihnen ihre Erfahrungen anders deuten. Auferstehung heißt auch hier: eine neue Deutung des Lebens Jesu, aber auch eine neue Deutung unseres eigenen Lebensweges. Auf unserem Weg wird es uns oft genauso ergehen wie den Emmausjüngern. Wir werden enttäuscht. Die Illusionen, die wir uns vom Leben gemacht haben, zerbrechen. Auch wir glauben manchmal, dass wir »mächtig in Wort und Tat vor Gott und dem ganzen Volk« (Lk 24,19) sind. Und dann wird unser Selbstbild durchkreuzt. Uns wird alles aus der Hand genommen. Wir stehen vor dem Scherbenhaufen unseres Lebens. Dann möchten wir am liebsten vor uns selbst davonlaufen. Doch wir sind nicht allein auf unserem Weg. Solange wir miteinander sprechen, wird Jesus, der Auferstandene, mit uns gehen und uns den Sinn unseres Lebensweges erschließen. Das Wort »Musste nicht der Messias all das erleiden, um so in seine Herrlichkeit zu gelangen« (Lk 24,26) ist der Schlüssel für das Verständnis von Jesu Schicksal, aber auch unseres eigenen Geschicks. Es war Gottes Wille, den wir nicht mehr hinterfragen können, dass der Messias leiden musste, um in seine Herrlichkeit zu gelangen. Und es ist auch unser Weg, dass wir nur durch manche Bedrängnisse hindurch zum wahren Leben gelangen, zu der Herrlichkeit, die Gott uns bereit hält, in die Gestalt, die Gott für uns ausgedacht hat. Es ist gut, dass wir enttäuscht worden sind, dass die Bilder zerbrochen sind, die wir uns von uns selbst gemacht haben. Nur so gelangen wir zur Herrlichkeit Gottes. Nur so können wir zu dem Bild werden, das Gott sich von uns gemacht hat.

Jesus deutet den beiden Wanderern die ganze Heilige Schrift. Er zeigt ihnen auf, dass der Tod und die Auferstehung Jesu die Zusammenfassung der ganzen Bibel sind. Das heißt nicht nur, dass Jesu Tod und Auferstehung in manchen Bibelversen vorausverkündigt wurden. Vielmehr versteht Lukas darunter, dass im Geheimnis von Tod und Auferstehung Jesu die gesamte Botschaft der Bibel zusammengefasst werden kann. Alle Worte vom erlösenden und errettenden Gott, von dem Gott, der uns aus der Grube herausführt, der das versklavte Volk befreit, der uns aus der Not errettet, erlangen ihre Erfüllung in Tod und Auferstehung Jesu: Es gibt nichts, woraus Gott uns nicht zu erretten vermag. Gott hat Jesus von den Toten erweckt. Also wird er auch uns aus jeder Dunkelheit herausführen in das Licht, aus dem Grab in das Leben, aus der Starre in die Lebendigkeit, aus der Gefangenschaft in die Freiheit, aus der Blindheit zum Sehen, aus der Lähmung in das Gehen, aus der Gesetzlichkeit in die Liebe. In der Auferstehung Jesu geht Lukas der Sinn der Heiligen Schrift auf. Da erst erkennt er, was die tröstenden Worte eines Jesaja meinen: »Wenn du durchs Wasser schreitest, bin ich bei dir, wenn durch Ströme, dann reißen sie dich nicht fort. Wenn du durchs Feuer gehst, wirst du nicht versengt, keine Flamme wird dich verbrennen. Denn ich, der Herr, bin dein Gott, ich, der Heilige Israels, bin dein Retter.« (Jes 43,2 f) Es gibt keine Dunkelheit mehr, in die nicht das Licht von Ostern dringt. Es gibt kein Grab mehr, in dem sich nicht schon das Leben regt.

Die Jünger bitten Jesus, er solle doch bei ihnen bleiben: »Denn es wird bald Abend, der Tag hat sich schon geneigt.« (Lk 24,29) Das ist ein Bild für unser Leben. Dort, wo es in uns dunkel wird, wo die Nacht über unsere Seele hereinbricht, dort dürfen wir den Auferstandenen bitten, bei uns zu bleiben. Jesus kehrt mit den beiden Jüngern ein. Er wird ihr Gast, um mit ihnen zu sein. Das ist nicht nur ein Bild für die Auferstehung, sondern auch für die Eucharistiefeier. In der Eucharistiefeier begegnen wir dem Auferstandenen. Da ist er bei uns, da spricht er zu uns, da deutet er uns die Schrift, und da deckt er uns das Geheimnis unseres Lebens auf. Und dann schildert Lukas das Mahl des Auferstandenen mit den Emmausjüngern in den gleichen Worten, mit denen er das letzte Abendmahl beschrieben hat. Jesus »nahm das Brot, sprach den Lobpreis, brach das Brot und gab es ihnen« (Lk 24,30). Den Jüngern gehen die Augen auf. Sie erkennen ihn. Doch im gleichen Augenblick wird er für sie unsichtbar. »Aphantos = unsichtbar« ist ein typischer Ausdruck aus der griechischen Gedankenwelt. Jesus entschwindet den Blicken der Jünger. Das ist das Geheimnis der Auferstehung. Der Auferstandene ist mit uns und bei uns. Er bricht das Brot für uns. In der Eucharistiefeier begegnet er uns, wird er sichtbar. Doch wir können ihn nicht mit unseren Augen festhalten. Auferstehung hat für Lukas wesentlich mit Öffnen zu tun. Unser Herz tut sich auf (Apg 16,14), unser Geist (Lk 24,45) und unsere Augen (Lk 24,31) öffnen sich. Und der Auferstandene öffnet uns die Schrift, er erschließt uns den Sinn der Heiligen Schrift (Lk 24,31). In solcher Offenheit dürfen wir den Auferstandenen schauen. Aber die Offenheit bedeutet auch, dass wir ihn loslassen müssen. Er entschwindet immer wieder unseren Blicken. Doch wenn der Auferstandene unser Herz, unseren Geist und unsere Augen öffnet, entbrennen wir in Liebe zu ihm. Wir werden in der Tiefe unseres Herzens von den Worten und Taten Jesu berührt. Das Brennen unseres Herzens treibt uns auf den Weg zurück zu den Menschen. So brechen die Jünger mit brennendem Herzen noch in der selben Stunde auf und kehren nach Jerusalem zurück, um den anderen Jüngern von ihrer Erfahrung zu berichten. Die Auferstehungserfahrung schickt uns auf den Weg, damit wir anderen erzählen, was wir gesehen und gehört haben.

Die Erscheinung Jesu vor allen Jüngern

Das dritte Bild, das uns Lukas vom Auferstehungstag zeichnet, ist die Erscheinung Jesu vor allen Jüngern. Die Emmausjünger kehren voll Freude zurück nach Jerusalem. Die daheim gebliebenen Jünger und Jüngerinnen erzählen ihnen, dass der Herr wahrhaft auferstanden und dem Simon erschienen ist. Als sie noch darüber reden, tritt Jesus selbst in ihre Mitte. Sie erschrecken und bekommen Angst, weil sie meinen, einen Geist zu sehen. Jesus weist sie hin auf seine Hände und Füße: »Seht meine Hände und meine Füße an: Ich bin es selbst. Fasst mich doch an, und begreift: Kein Geist hat Fleisch und Knochen, wie ihr es bei mir seht.« (Lk 24,39) Lukas will hier den Griechen zeigen, was Auferstehung bedeutet. Die Griechen konnten sich durchaus vorstellen, dass der Auferstandene Geist ist, dass die Seele sich vom Körper getrennt hat und nun für sich existiert. Doch Auferstehung ist mehr. Auferstanden ist die Person Jesu, mit Leib und Seele. Mit dem Hinweis auf die Hände und Füße antwortet Lukas auf die platonische Philosophie, die sich nur die Befreiung der Seele aus dem Gefängnis des Leibes vorstellen kann. Auferstehung ist Auferstehung des Leibes. Sie schenkt uns Hände, die das Leben in die Hand nehmen, die Menschen zärtlich berühren, die streichelnd Liebe erfahrbar machen. Und Auferstehung stellt uns auf die Füße, damit wir zu uns stehen und unseren Weg gehen, den je eigenen Weg, der uns zum Leben führt.

Das Wort »ich bin es selbst = ego eimi autos« ist eine Antwort auf die stoische Philosophie. In der Stoa bezeichnet » autos« den Personkern, das innere Heiligtum des Menschen, den inneren Bereich des Selbst, in dem Gott im Menschen wohnt. Lukas betont das Wort »autos« häufig. Damit weist er immer auf den Herrn hin. Christus ist »er selbst«. Vierunddreißig Mal leitet Lukas einen Satz ein mit »kai autos«, während das bei Matthäus nie vorkommt und bei Markus nur drei Mal. Auch in der Apostelgeschichte verwendet Lukas nie diese Wendung. Das zeigt, dass er sie auf Christus beschränkt. Wenn der Auferstandene nun sagt: »Ich bin es selber«, dann besteht darin die Antwort auf die Sehnsucht der stoischen Philosophie. In der Stoa sehnten sich die Menschen, frei zu werden von den Sorgen und Bedürfnissen dieser Welt. Sie wollten zu ihrem wahren Selbst vorstoßen, zum inneren Heiligtum, in dem sie von niemandem verletzt werden konnten. Auferstehung heißt für Lukas, dass Jesus »er selbst« geworden ist, dass er ganz rein sein Selbst lebt. Und Auferstehung heißt auch für uns, ganz wir selbst zu werden, frei zu werden von den Oberflächlichkeiten des Alltags, frei zu werden von der Macht anderer Menschen, von ihren Erwartungen und Ansprüchen und Urteilen, aufzustehen vom Uneigentlichen zum Eigentlichen, einzutreten in das innere Heiligtum, in dem Gott in uns wohnt und in dem wir in Berührung kommen mit dem unverfälschten und unberührten Bild

Gottes von uns. Jesus, der Auferstandene, ist für Lukas Urbild für unser eigenes Selbstsein, für unsere »Selbstheit«.

Jesus fordert seine Jünger auf, dass sie ihn anfassen sollten. Das griechische Wort »pselaphao = anfassen, berühren« verwendet Lukas nochmals in der Areopagrede des Paulus, in der Paulus bewusst auf die Philosophie der Stoa antwortet: Die Menschen »sollten Gott suchen, ob sie ihn ertasten und finden könnten; denn keinem von uns ist er fern« (Apg 17,27). Lukas weist die Anhänger der stoischen Philosophie mit seinem »betastet mich« darauf hin, dass die Menschen Gott in Jesus Christus ertasten können. In seinen Händen und Füßen können sie Gott selbst berühren. Da wird ihre Sehnsucht nach einem Gott, den man mit seinen Sinnen erfahren kann, erfüllt. In jeder Eucharistie dürfen wir Jesus betasten in dem Brot, das uns in die Hände gelegt wird. In der frühen Kirche haben die Christen mit dem Leib Christi ihre Augen und Ohren berührt, nicht nur, um Christus zu betasten, sondern um sich von ihm zärtlich berühren und betasten zu lassen.

Jesus lässt sich schließlich etwas zu essen geben und isst mit seinen Jüngern. Er hält Mahl mit ihnen. Auferstehung schafft eine neue Gemeinschaft. Bei den Mahlzeiten, die die Jünger miteinander halten, ist der Auferstandene selbst in ihrer Mitte. Eucharistie ist für Lukas immer Erfahrung des Auferstandenen. Die Intimität und die Freude, die aus seiner Schilderung des österlichen Mahles sprechen, sollen auch die Eucharistiefeier prägen. Jesus schließt seinen Jüngern und Jüngerinnen die Schrift auf und zeigt sich ihnen als Gott und Mensch, als der, der zu seinem wahren Selbst geworden ist, damit wir aus der Uneigentlichkeit in die Eigentlichkeit, aus der Starre in die Lebendigkeit und aus der Isolierung in ein neues Miteinander auferstehen.

Nun schließt Lukas sein Evangelium mit einer Abschiedsrede Jesu, mit seinem Testament. Er erinnert die Jünger nochmals an alle Worte, die er gesprochen hat, als er »mit ihnen« war. Er öffnet ihnen den Verstand (nous) für das Verständnis der Schrift, und er fasst nochmals das Geheimnis seines Lebens zusammen. Sein Leben und Leiden, sein Tod und seine Auferstehung sind die Erfüllung der ganzen Heiligen Schrift. Darin wird sichtbar, wer der Gott der Bibel ist. In Jesus erfüllt sich, »was im Gesetz des Mose, bei den Propheten und in den Psalmen über mich gesagt ist« (Lk 24,44). In Jesu Tod und Auferstehung gipfelt alles Tun Gottes in der Vergangenheit. Mit dem Wort »Erfüllung, Vollendung, Vollwerden« drückt Lukas aus, dass Jesu Tod und Auferstehung alles Handeln Gottes zusammen fasste, das uns die Bibel beschreibt. Tod und Auferstehung Jesu zeigen, dass es nichts gibt, was Gott nicht wenden und verwandeln kann. Es gibt keinen Tod, der nicht ins Leben verwandelt werden kann, keine Dunkelheit, die nicht hell werden, keine Angst, die nicht zu Vertrauen werden, keine Trostlosigkeit, die nicht getröstet werden kann. Tod und Auferstehung sagen uns: Alles kann verwandelt werden. Es gibt nichts, was uns von Gott zu trennen vermag. Überall ist Gott gegenwärtig, selbst noch im Tod, im Grab, in der Einsamkeit, in der Finsternis, in der Verzweiflung.

In der Schrift steht auch – so sagt es Lukas –, dass im Namen Jesu allen Völkern verkündet wird, »sie sollen umkehren, damit ihre Sünden vergeben werden« (Lk 24, 47). Es ist eigenartig, dass Lukas darin die Frohe Botschaft versteht, die die Jünger aller Welt verkünden sollen. Die Umkehr als Voraussetzung für die Vergebung der Sünden scheint mit Jesu Schicksal nichts zu tun zu haben. Das ist eine allgemein menschliche Botschaft. Doch diese Botschaft soll im Namen Jesu verkündet werden. Weil Jesus durch den Tod zur Auferstehung gelangt ist, besteht für

alle Menschen die Chance, umzukehren und so die Vergebung ihrer Sünden zu erlangen. Im Blick auf Jesus sollen
sie umdenken, sollen sie hinter die Dinge sehen, damit sie
die eigentliche Wahrheit ihres Lebens erkennen. Die Umkehr führt zur Vergebung. Vergebung heißt für Lukas,
dass das Leben wieder ausgerichtet wird nach Gott, dass
wir unser Ziel nicht mehr verfehlen, sondern dass unser
Leben gelingt. Die Jünger haben den Auftrag, dieses Angebot der Vergebung, des gelingenden Lebens, allen Völkern
zu verkünden. Dazu sendet ihnen der Auferstandene seinen Geist, »die Kraft aus der Höhe« (Lk 24,49). In der
Geburt Jesu hat uns »das aufstrahlende Licht aus der
Höhe« (Lk 1,78) besucht. Der Auferstandene erfüllt uns
nun mit der »Kraft aus der Höhe«, damit wir das Licht
Christi in alle Welt tragen. In der Verkündigung der Jünger geht Jesu Wirken weiter in der Welt und durchdringt
mehr und mehr die Geschichte der Menschheit.

Lukas schließt sein Evangelium mit dem Bericht von
der Himmelfahrt. Und er beginnt die Apostelgeschichte
mit dem gleichen Ereignis. Dabei gibt es einen Widerspruch. Im Evangelium fährt Jesus am Ostertag zum
Himmel auf, in der Apostelgeschichte erst am vierzigsten
Tag nach der Auferstehung. Dieser Widerspruch zeigt,
dass es Lukas um eine theologische Aussage geht. Die Geschichte Jesu hat mit dem Gebet im Tempel begonnen,
und sie endet mit dem Lobpreis der Jünger im Tempel.
Lukas beendet das Evangelium mit einer Liturgie. Er deutet im Evangelium die Himmelfahrt kultisch, während er
sie in der Apostelgeschichte kirchlich und geschichtlich
interpretiert. Im Evangelium geschieht die Himmelfahrt
gleichsam in einer liturgischen Feier. In der Apostelgeschichte erzählt Lukas den Hergang der Himmelfahrt
(vgl. Grundmann, S. 450). Die vierzig Tage sind Bilder für
die Zeit des Menschen. Die vierzig Tage als Zeit der Verwandlung sind seit Jesu Auferstehung nicht mehr geprägt

durch Fasten und durch die Erfahrung der Wüste, sondern durch die Erscheinungen Jesu. Der Auferstandene geht mit uns, bis auch wir in den Himmel aufgenommen werden.

Jesus entlässt seine Jünger mit dem großen Segen. Unter diesem Segen stehend, kehren sie voll Freude nach Jerusalem zurück. »Sie waren immer im Tempel und priesen Gott.« (Lk 24,53) Darin spiegelt sich der Gottesdienst der Gemeinde wider, der geprägt ist von Freude und Lobpreis. In diesen beiden Haltungen »Freude und Lobpreis« wirken sich Jesu Leben, Sterben, Auferstehung und Himmelfahrt bei den Jüngern aus. Jesus hat schon durch seine Geburt den Menschen Freude gebracht. Diese Freude erfüllt sich in seiner Auferstehung und Himmelfahrt. Freude (griechisch »chara«) ist unsere Reaktion auf die »charis = Gnade«, die uns in Jesus zuteil wurde. Lukas hat Jesu Wirken so verstanden, dass er unser Herz erhellt, dass die Herrlichkeit Gottes wieder in uns aufleuchtet, dass alles Niederdrückende, Beängstigende, Dunkle aus unserem Herzen entschwindet. In der Freude wird das Herz weit. Da erfährt es die Weite und Freiheit der Auferstehung. Das ist Grund genug, Gott zu preisen. Im Lobpreis drückt sich die Freude aus, und zugleich lässt das Lob die Freude in unserem Herzen wachsen, damit es immer mehr Leib und Seele durchdringt und verwandelt.

Was sollen wir tun?

Lukas will die Leser nicht nur für Jesus begeistern. Wer Jesus versteht, der muss auch sein Leben ändern. Die Geschichte Jesu geht weiter in den Jüngern, die durch ein neues Verhalten die Welt verändern. Nicht nur durch Worte, sondern durch ein neues Tun wirkt sich der Geist Jesu geschichtlich aus. Wir sind heute eher allergisch gegen eine moralisierende Spiritualität. Lukas erhebt aber nicht den moralisierenden Zeigefinger. Er predigt nicht Moral, sondern er erzählt Geschichten, »die mitten ins Herz treffen und die Frage wach werden lassen: Was sollen wir tun?« (Heininger, S. 227) Er theoretisiert nicht über die Beziehung von Gottes- und Nächstenliebe, sondern er erzählt zwei Beispiele, um zu illustrieren, wie wir heute konkret den Nächsten lieben können, ohne dass wir uns dabei verausgaben: das Beispiel vom barmherzigen Samariter (Lk 10,30–38) und von Maria und Marta (Lk 10,38–42). Der Priester und der Levit, die sich mit der Gottesverehrung im Kult beschäftigen, gehen an dem Mann, der unter die Räuber gefallen ist, vorüber. Der Samariter hat Mitleid mit ihm. Er »ging zu ihm hin, goss Öl und Wein auf seine Wunden und verband sie. Dann hob er ihn auf sein Reittier, brachte ihn zu einer Herberge und sorgte für ihn.« (Lk 10,34) Lukas zeichnet hier ein Bild wahrer Humanität. Das Gleichnis beschreibt Jesus selbst als den barmherzigen Samariter. Es ist das authentischste Selbstportrait, das Jesus von sich gezeichnet hat (Huizing, S. 20 ff). Aber zugleich fordert das Gleichnis den Leser heraus, selbst so zu handeln wie Jesus. Lukas ist praktischer Theologe. Es geht ihm nicht um theoretische Erörterungen. Im konkreten Tun zeigt sich, ob jemand die Botschaft Jesu verstanden hat und sie auch lebt. Wir erfüllen die Worte Jesu, wenn wir jeweils tun, was die Situation von uns fordert, wenn wir die Augen nicht verschließen vor den Menschen, die unter die Räuber gefallen sind und verwundet am Wegrand liegen.

Doch Lukas weiß um die Gefahr, dass wir uns verausgaben, wenn wir dem anderen helfen, um unser schlechtes Gewissen zu beruhigen. Wir meinen dann, wir müssten die ganze Welt retten. Wir sind hin- und hergerissen zwischen dem schlechten Gewissen, das uns zum Helfen drängt, und unserer Unfähigkeit, allen zu Hilfe zu kommen. So bringt Lukas als Gegenpol gegen ein zu hohes Helferideal die Geschichte von Maria und Marta (Lk 10,38–42). Marta ist die gastfreundliche Frau, die zupackt, die für die Gäste sorgt. Gastfreundlichkeit ist in der Antike ein hohes Gut. Marta tut also, was gut ist, was den Menschen Freude macht. Aber sie ist blind für die Bedürfnisse des Gastes. Sie meint, Jesus und seine Jünger wollten in erster Linie gut versorgt sein. Doch sie merkt gar nicht, wie sie ihre eigenen Bedürfnisse Jesus überstülpt. Sie hört gar nicht hin, was er eigentlich braucht und was er wünscht. Ihre harsche Kritik an ihrer Schwester Maria, die einfach Jesus zu Füßen sitzt und ihm zuhört, was er zu sagen hat, zeigt, dass ihre Hilfe nicht ganz selbstlos ist. Ihre Empfindlichkeit weist darauf hin, dass sie mit ihrer Hilfe die Aufmerksamkeit auf sich ziehen und Lob erhalten möchte. Sie möchte im Vergleich mit anderen Gastgeberinnen gut abschneiden. Es geht ihr nicht um die Begegnung des Augenblicks, sondern um das Danach, um ihren guten Ruf bei den Menschen, den sie durch ihr Tun begründen möchte. Und vielleicht geht es ihr auch um ihr schlechtes Gewissen, das sie durch ihr Helfen beruhigen möchte. Manche Menschen verstecken sich hinter ihrer vielen Arbeit, die durchaus sinnvoll ist und den Menschen dient, um sich auf diese Weise gegen jede Kritik abzuschirmen. Sie hören auf, sich in Frage stellen zu lassen, hinzuhören, was Gott eigentlich von ihnen will.

Maria und Marta sind zwei Pole in uns. Jeder von uns hat eine Maria und eine Marta in sich. Und auch in uns ist meist die Marta lauter. Denn sie hat die besseren Argumente. Sie kann etwas vorweisen. Sie tut etwas. Sie erfüllt Gottes Willen: die Gastfreundschaft. So muss Jesus Maria verteidigen. Die leise Ahnung, dass wir uns einfach auf den Augenblick einlassen, dass wir uns in die Gegenwart Jesu setzen und zweckfrei hinhören, was Jesus uns zu sagen hat, wird auch in uns durch die lauteren Stimmen zurückgedrängt, die uns auffordern, den vielen Notleidenden zu helfen. Jesus verstärkt die leise Stimme, die auf unserer Mariaseite in uns ertönt: »Maria hat das Gute erwählt. Das soll ihr nicht genommen werden.« (Lk 10,42) Es ist gut, innezuhalten, in der Stille auf das zu hören, was Jesus uns jetzt in diesem Augenblick sagen möchte. Wer immer nur an die Zukunft denkt und an seinen Ruf bei anderen, der versäumt das Leben, der geht an Gott und an sich selbst vorbei. Wenn Maria Jesus zu Füßen sitzt, so heißt das in der Sprache des Lukas, dass sie Schülerin und Jüngerin Jesu ist, gleichberechtigt mit den Männern. So bricht Maria die einseitige Rolle der fürsorgenden und gastfreundlichen Frau auf. Die Frau ist genauso wie der Mann berufen, als Jüngerin in die Schule Jesu zu gehen und dann genauso die Frohe Botschaft zu verkünden.

Haltung zu Besitz und Reichtum

Eine andere Weise, den Jüngern ein neues Verhalten nahe zu legen, praktiziert Lukas, indem er Gleichnisse erzählt. In den Gleichnissen geht es oft um die Frage: »Was soll ich tun?« Es ist die Frage, die sich der reiche Kornbauer (Lk 12,17) und der ungerechte Verwalter stellen (Lk 16,3). Bei diesen Gleichnissen geht es um die Frage des rechten Umgangs mit dem Besitz. Das ist für den Griechen Lukas ein wichtiges Thema. Lukas ist der Evangelist der Armen. Wie kein anderer Evangelist kreist er um die Themen Armut und Reichtum, Besitz und Besitzverzicht, Gütergemeinschaft und soziale Verpflichtung. Lukas selbst entstammte wohl eher der begüterten Mittelschicht. Aber er hat offensichtlich ein starkes soziales Gewissen. Ihm ist es eine wichtige Botschaft, dass die Christen nicht am Besitz hängen, sondern dass sie ihren Besitz mit den Armen teilen. Wer nur für sich selbst Reichtümer ansammelt, der hat weder Jesu Intention verstanden noch weiß er um das Geheimnis des menschlichen Lebens, das durch den Tod begrenzt ist. Wer seine menschliche Existenz ernst nimmt, weiß, dass er hier keine dauernden Schätze ansammeln kann. Materieller Reichtum zerbricht mit dem Tod. Daher geht es darum, auf Gott hin reich zu werden. Das geschieht aber in der Liebe, die konkret im Teilen des Besitzes zum Ausdruck kommt. Von Seneca bis Hofmannsthal, vom Buch Jesus Sirach bis zu Lukian von Samosata werden ähnliche Geschichten wie die vom reichen Kornbauern (Lk 12,13–21) erzählt. Bei Lukian muss der Geldmakler Gniphon in der Unterwelt mit ansehen, »wie sein sauer verdientes Geld binnen kurzer Zeit durch den liederlichen Rhodochoris verschleudert wird« (Heininger, S. 116). Das Thema der Güterteilung ist heute genauso modern wie damals. Die Christen sollten nicht der Gier von Börsenspekulanten verfallen, sondern sie sollten auf Gott hin reich werden (Lk 12,21). Der wahre Reichtum liegt in uns. Der Schatz ist in unserer Seele. Es ist die Liebe, die strömt. Sie wird aber nur strömen, wenn auch das Geld fließt, wenn wir unsere Güter teilen.

Unter den heidenchristlichen Lesern des Lukas-Evangeliums waren sicher viele Händler, die einen gewissen Reichtum erworben hatten. In der Apostelgeschichte ist die Rede von der Purpurhändlerin Lydia. Lukas denkt in seinem Evangelium an den materiellen Wohlstand, der durch Liegenschaften und durch Verkauf und Handel entsteht. Großgrundbesitzer, Großhändler und Steuerpächter gehörten zur begüterten Bevölkerungsschicht (Schnackenburg, S. 219). Lukas geht es vor allem um die Wirkung des Reichtums auf die menschliche Haltung. Der Mensch kann den Reichtum zum Götzen machen. Reichtum verleitet zu Habsucht und Ehrsucht. Der Reiche geht auf in irdischen Sorgen und Genüssen. Er vergisst Gott. Für den Evangelisten sind es zwei Haltungen, die den christlichen Umgang mit den Gütern dieser Welt prägen: einmal das Teilen der Güter, zum anderen die Sorglosigkeit und innere Freiheit im Umgang mit dem Besitz (Lk 12,22–32). Wer sich ständig darum sorgt, ob er genügend zu essen und anzuziehen hat, der gibt den äußeren Dingen zu viel Macht. Anstatt sich zu sorgen, soll der Mensch auf Gott vertrauen. Gott sorgt für ihn. Dem Christen soll es um das Reich Gottes gehen, darum, dass Gott in ihm herrscht, dass Gott in seiner Seele wohnt. Gott ist der wahre Schatz. »Wo euer Schatz ist, da ist auch euer Herz.« (Lk 12,34) Nur wenn unser Herz in Gott ruht, wird es frei von irdischer Sorge. Nur wenn der Mensch in Gott seinen Grund hat, kann er seinen Besitz loslassen und seine Gaben den Armen geben.

Noch eine andere Haltung gegenüber dem Besitz kennt Lukas: die Treue in der Verwaltung der irdischen Güter (Schnackenburg, S. 220). »Wer in den kleinsten Dingen zuverlässig ist, der ist es auch in den großen, und wer bei den kleinsten Dingen Unrecht tut, der tut es auch bei den großen.« (Lk 16,10) Die Zuverlässigkeit und Treue in der Verwaltung der irdischen Gaben ist die Voraussetzung dafür, dass der Mensch auch mit den geistigen Gaben Gottes gut umgeht. Die eigentliche Gabe Gottes ist das Heil, ist Gott selbst, der sich in Jesus den Menschen schenkt. »Wenn ihr im Umgang mit dem fremden Gut nicht zuverlässig gewesen seid, wer wird euch dann euer (wahres) Eigentum geben?« (Lk 16,12) Die Güter, die der Mensch besitzt, gehören ihm nicht. Sie gehören Gott. Das Eigentliche, das zu uns passt, das unserem Wesen entspricht, ist das Heil, das Gott uns in Jesus schenkt.

Lukas sieht die Realität dieser Welt. Er verteufelt Besitz und Geld nicht. Doch er fordert zu sozialem Verhalten auf. Wer Reichtum besitzt, soll seine Habe verkaufen und den Erlös den Armen geben. Die Forderungen Jesu werden in der ersten Jüngergemeinde in Jerusalem verwirklicht. Auch da wird nicht einfach Armut gepredigt, sondern Gütergemeinschaft. Die Gaben der Erde gehören allen: »Alle, die gläubig geworden waren, bildeten eine Gemeinschaft und hatten alles gemeinsam. Sie verkauften Hab und Gut und gaben davon allen, jedem so viel, wie er nötig hatte.« (Apg 2,44 f) Lukas verbindet in seiner Schilderung der urkirchlichen Gütergemeinschaft »griechisch-hellenistische Idealvorstellungen mit alttestamentlich-jüdischen Verheißungen« (Ernst, S. 101). Lukas verfolgt keine romantischen Armutsideale, ihm geht es vielmehr um die soziale Verpflichtung des Besitzes und um das Teilen des Besitzes, damit alle genügend haben. Dieses Ideal, das die Urkirche verwirklicht hat, schwebt dem Evangelisten auch für seine Zeit vor. Es ist ein Ideal, das auch die Griechen anspricht, das die Worte Jesu vom Verkauf aller Habe in die Situation der griechischen Händler und Kaufleute hinein übersetzt und ihnen einen Weg zeigt, wie sie –

ohne ihren Beruf aufzugeben – Jesus nachfolgen und in der Nachfolge Jesu zu wahrer Freiheit und wirklichem Leben finden können. Die moderne Befreiungstheologie beruft sich daher zu Recht auf Lukas. Sie übersetzt die lukanische Botschaft in unsere Zeit. Der Weltfriede wird in Zukunft vor allem davon abhängen, ob ein gerechter Ausgleich der Güter gelingt. So ist die lukanische Übersetzung der Botschaft Jesu heute höchst aktuell, nicht nur für die Ethik des Einzelnen, sondern auch für die Politik der Völker.

Umkehr

Eine wichtige Antwort, die Lukas auf die Frage »Was sollen wir tun?« gibt, ist die Umkehr. So antwortet Petrus nach seiner Pfingstpredigt auf die Frage der Zuhörer: »Was sollen wir tun, Brüder?«: »Kehrt um, und jeder von euch lasse sich auf den Namen Jesu Christi taufen zur Vergebung seiner Sünden; dann werdet ihr die Gabe des Heiligen Geistes empfangen.« (Apg 2,37 f) Das griechische Wort für Umkehr »metanoia« heißt eigentlich: Umdenken, anders denken, hinter die Dinge schauen. Für die Griechen beginnt die Umkehr beim Denken. Unser Denken führt uns in die Irre. Wenn wir falsch von uns und von der Situation um uns herum denken, werden wir der Wirklichkeit auch in unserem Verhalten nicht gerecht. Wir können uns nur richtig verhalten, wenn wir die Welt richtig sehen. Allerdings sehen wir sie oft nur durch die Brille unserer Projektionen. Daher will der lukanische Jesus seine Zuhörer darin schulen, die Wirklichkeit richtig zu sehen und angemessen einzuschätzen. Zwei Stellen sollen das verdeutlichen.

In Lk 12,54–57 weist Jesus seine Zuhörer auf die Wetterbeobachtungen hin. Wenn im Westen Wolken aufsteigen, so kann ein guter Wetterbeobachter daraus schließen, dass es Regen gibt. »Und wenn der Südwind weht, dann sagt ihr: Es wird heiß. Und es trifft ein. Ihr Heuchler! Das Aussehen der Erde und des Himmels könnt ihr deuten. Warum könnt ihr dann die Zeichen dieser Zeit nicht deuten? Warum findet ihr nicht schon von selbst das rechte Urteil?« (Lk 12,55–57) Die Natur können die Menschen richtig einschätzen, aber für den Sinn der Geschichte haben sie keinen Blick. Da verschließen sie bewusst die Augen. Jesus mahnt uns, unseren Blick auf die konkreten Ereignisse unserer Zeit zu richten, sie richtig zu bewerten und darauf mit einem angemessenen Verhalten zu reagieren. Die metanoia, das andere Sehen, das neue Denken, wird auch zu einem neuen Verhalten führen.

Wie wir geschichtliche Tatsachen beurteilen sollen, das zeigt Jesus in der Szene Lk 13,1–9. Da erzählen ihm die Leute die letzten Neuigkeiten, politische Katastrophen und Schicksalsschläge, die unverständlich sind. Da ließ Pilatus Galiläer, die gerade Opfer darbringen wollten, umbringen. Und der Turm von Schiloach stürzte um und erschlug dabei achtzehn Menschen. Jesus antwortet in beiden Fällen ähnlich: »Meint ihr, dass nur diese Galiläer Sünder waren, weil das mit ihnen geschehen ist, alle anderen Galiläer aber nicht? Nein, im Gegenteil: Ihr alle werdet genauso umkommen, wenn ihr euch nicht bekehrt.« (Lk 13,2f) Jesus greift zwar die Theologie der Pharisäer auf, die in jedem Unglück eine Strafe für die Sünden sieht. Aber er bestätigt sie nicht. Statt sich auf eine theologische Diskussion einzulassen, warum das so geschehen ist, lenkt er den Blick auf die Erzählenden. Es geht nicht um die anderen, sondern um uns selbst. Wir werden genauso umkommen, wenn wir nicht umkehren. Unser Leben wird misslingen, wenn wir nicht umdenken. Wir sollen bei Katastrophen nicht die Warumfrage stellen, sondern sie als Anfrage an uns verstehen. Uns kann das Gleiche widerfahren, was etwa die Opfer der Katastrophen von Eschede und Kaprun erlebt haben. Wir sind in Frage gestellt: Woraus leben wir? Was hat unser Leben für einen Sinn? Wir haben keine Garantie, dass wir gesund alt werden. Es ist nicht selbstverständlich, dass unser Leben gelingt. Die Voraussetzung für das Gelingen unseres Lebens ist die Umkehr. Umkehr heißt zunächst einmal feststellen, dass ich mich von Gott entfremdet habe, dass mein Denken an Gott vorbei geht. Und dann bedeutet Umkehr, dass ich mein Leben im Licht Gottes sehe, von Gott her verstehe, dass ich hinter die Dinge schaue und Gott als das eigentliche Ziel und den tragenden Grund meines Lebens erkenne. Umkehr ist aber nicht nur Sehen und Erkennen, sondern auch Entscheiden. Ich entscheide mich, anders zu leben, so zu leben, wie es Gottes Willen und wie es meinem Wesen entspricht.

Zachäus, Beispiel für eine Umkehr in Freude

Lukas wäre kein Erzähler, wenn er sich damit begnügen würde, nur Jesu Mahnworte zur Umkehr zu referieren. Er erzählt uns eine wunderbare Geschichte von der Umkehr eines Menschen. Es ist die Geschichte vom Oberzöllner Zachäus (Lk 19,1–10). Zachäus war sehr reich, aber klein von Gestalt. Man könnte sagen: Gerade weil er klein war und sich klein fühlte, versuchte er, seine Minderwertigkeitsgefühle dadurch zu kompensieren, dass er möglichst viel Geld verdiente. Dabei presste er die Menschen aus, wie es die Zöllner damals taten, die von den Römern jeweils eine Zollpacht erwarben und sie dann für die eigenen Zwecke ausnutzten. Der Reichtum dient dem Zachäus dazu, sein Selbstwertgefühl zu steigern. Doch es gelingt ihm nicht. Je mehr Geld er scheffelt, desto mehr wird er von den Juden abgelehnt. Das ist der Teufelskreis, in dem sich viele Menschen mit Minderwertigkeitskomplexen befinden. Je mehr sie auffallen wollen, um endlich anerkannt zu werden, desto mehr werden sie isoliert und abgelehnt. Zachäus war Oberzöllner. Er konnte nur dadurch an seine Größe glauben, indem er andere klein machte. Er musste sich über die Menschen stellen, weil er sich neben ihnen zu klein vorkam. Doch sich über die Menschen zu stellen, das macht einsam. Aus dem Teufelskreis der Einsamkeit und Ablehnung kommt Zachäus aus eigener Anstrengung nicht heraus. Er braucht die Begegnung mit Jesus, um anders leben zu können, um umzukehren.

Interessant ist, wie Lukas hier viele Tätigkeitsworte gebraucht. Jesus geht in die Stadt und zieht hindurch. Zachäus läuft vor der Menge her. Er kann offensichtlich nicht durch die Menge hindurch kommen. Er steigt auf einen Maulbeerfeigenbaum, um Jesus sehen zu können. Jesus schaut zu Zachäus hinauf. Bisher haben alle auf ihn herabgeschaut oder an ihm vorbeigeschaut. Indem Jesus zu ihm aufsieht, schenkt er ihm Ansehen. »Zum ersten Mal fühlt Zachäus sich als Mensch gemeint.« (Huizing, S. 237) Im hellenistischen Milieu bedeutet »anablepo« das Hochschauen in den Himmel und zu den körperlosen Ideen. Jesus schaut zu einem Menschen hoch. Er sieht im Menschen den Himmel. Er schaut im Menschen das Antlitz Gottes. Das schafft den Zachäus neu. Er bekommt ein neues Gesicht. Am Antlitz Jesu entdeckt er sein Gesicht. Und das Gesicht wird von Freude erfüllt. Jesus nennt ihn bei seinem Namen. Zachäus steigt schnell herunter. Er, der Kleine, der zu hoch hinaus wollte und sich gerade deshalb verstieg, steigt hinab. Er wird demütig, humilis, vertraut mit der Erde. Dort auf ebener Erde geschieht das Wunder der Verwandlung. Durch den Menschen Jesus, der mit ihm feiern, der mit ihm essen und trinken möchte, wird der Mensch Zachäus verwandelt. In diesem Menschen Jesus erfährt Zachäus Gottes Heil. Diese Erfahrung wendet ihn um. Jesus predigt keine Umkehr, sondern er lässt den Zachäus seine bedingungslos annehmende Liebe erfahren. Aber die Erfahrung dieser Liebe führt den Oberzöllner zur Umkehr. Von sich aus möchte er die Hälfte seines Vermögens den Armen geben und vierfach zurückzahlen, was er zu Unrecht eingenommen hat. Weil er sich selbst angenommen weiß, weil er mit seiner eigenen Würde in Berührung gekommen ist, braucht er den Mechanismus des Auffallens und des Geldscheffelns nicht mehr. Jetzt ist er frei, zu geben, woran er sich geklammert hat. Die Umkehr geschieht aus der Erfahrung der Zuwendung und der Freude, die aus seinem Gesicht strahlen. Wer diese Geschichte liest, der bekommt wie Zachäus ein neues Gesicht. Er freut sich, weil Jesus heute zu ihm aufschaut und ihn beim Namen nennt. Seine Augen, die bisher nur auf sich selbst geschaut haben, öffnen sich, und er sieht die Menschen, wie sie sind. Er nimmt sie wahr und wird ihr Bruder, ihre Schwester. Statt zur Umkehr zu mahnen, geschieht Umkehr im Lesen dieser wunderbaren Geschichte. Das ist die menschenfreundliche Theologie des Lukas. Lukas kann darauf verzichten, den Menschen klein zu machen, ihm ständig seine Sündhaftigkeit vorzuhalten. Er erzählt von dem menschenfreundlichen Jesus, der den Menschen so begegnet, dass sie freudig umkehren und auf diese Weise ihren eigenen Humanismus, ihre eigene Menschlichkeit und Menschenfreundlichkeit entdecken.

Wer in seinem Leben Umkehr vollzogen hat, der geht
auch anders mit den Sündern um. Er wird seine Schuld
nicht auf andere projizieren und sie als Sündenbock missbrauchen. Er wird vielmehr genauso liebevoll mit den
Sündern umgehen, wie es Jesus vorgemacht hat. Jesu
Hinwendung zu den Sündern hat seinen Grund in dem
Vertrauen, dass gerade die Sünder offen sind für die
Frohe Botschaft von der barmherzigen Liebe Gottes. Lukas zeichnet Jesus als den, der sich den Sündern zuwendet
und mit ihnen isst und trinkt. Er erzählt eine wunderbare
Geschichte, ein Meisterwerk seiner Inszenierungskunst,
die Geschichte von der Begegnung Jesu mit der Sünderin
(Lk 7,36–50). In der Erzählung, die »durch ihre ästhetische Geschlossenheit« (Bovon I, S. 385) glänzt, hat Lukas
Stilmittel der griechischen Symposionliteratur verwendet,
vor allem das Motiv des Auftretens ungeladener Gäste
und den Dialog, der die griechischen Gastmähler bestimmt (vgl. Heininger, S. 84 f) Jesus liegt – wie in hellenistischen Kreisen üblich – im Haus eines Pharisäers zu
Tisch. Da geschieht die Überraschung. Eine stadtbe-
kannte Sünderin kommt herein und tritt von hinten an Jesus heran. Sie benetzt seine Füße mit ihren Tränen, wischt
sie mit ihren Haaren ab und salbt sie mit kostbarem Öl.
Während die Salbung des Kopfes zu den damaligen Emp-
fangsriten gehörte, ist die Salbung der Füße ein unerhör-
ter Vorgang (Bovon I, S. 391). Es ist eine erotische Szene.
Denn die Füße eines Mannes durfte nur die eigene Gattin
oder Tochter salben. Und die Haare aufzulösen, wirkt für
jüdisches Empfinden besonders erotisch. Die Frau küsst
sogar Jesu Füße. Während die Pharisäer sich über diese
Frau empören, deutet Jesus das Verhalten der Frau posi-
tiv. Er sieht ihre Tränen, ihre Not, ihre Sehnsucht nach
wahrer Liebe. Jesus ergreift die Initiative und bringt den

Pharisäer, der sich in Gedanken über Jesus erhoben hatte, mit einem Gleichnis in Verlegenheit, das aus der Welt des antiken Kreditgeschäfts genommen ist (Lk 7,41 f). Und dann rügt Jesus öffentlich das Verhalten des Pharisäers und verteidigt das Tun der Frau. Er sieht im Verhalten der Frau einen Ausdruck ihrer Liebe. Diese Liebe ist ein Zeichen dafür, dass ihr viel vergeben worden ist. Jesus spricht der Frau die Vergebung vor allen Gästen öffentlich zu. Lukas lässt den Leser bewusst in der Schwebe, ob Jesus der Frau nun vergibt, weil sie ihm so viel Liebe erwiesen hat, oder ob Jesus die Vergebung nur bestätigt, die der Grund ihrer Liebe gewesen ist. Es ist ein Ineinander von Vergebung und Liebe. Und es lohnt sich nicht, zu streiten, was vorher da war, die Vergebung oder die Liebe. Liebe und Vergebung sind miteinander verzahnt.

Lukas will in dieser Szene nicht nur Jesu liebevolle Zuwendung zu der Sünderin schildern. Er hat sicher auch die Situation seiner Gemeinde im Auge. Dort gab es vermutlich unter den Christen genügend »Pharisäer«, die die Nase rümpften über Neubekehrte, die keine ehrenwerte Vergangenheit hatten. Gerade Menschen, die sich aus einer verkorksten Situation heraus bekehrten, zeigen oft eine besondere Herzlichkeit. Ihre Liebe ist Ausdruck der Vergebung, die sie erfahren haben. Wer die Vergebung als Befreiung von seiner misslungenen Lebensgeschichte erlebt, der wird nun auch anderen von Herzen vergeben. Er wird sich nicht über die Sünder erheben, weil er weiß, dass er sein Leben selbst verfehlt hatte, bevor die Vergebung ihn auf den neuen Weg des Heils brachte. Er wird wie Stephanus selbst seinen Mördern vergeben und darin das Beispiel Jesu nachahmen (Apg 7,60).

Wenn Lukas so viel von den Sündern schreibt (vgl. Lk 15) und wenn er die Vergebung der Sünden so oft als den zentralen Aspekt des Heiles nennt (Apg 2,38), dann drückt sich darin kein pessimistisches Menschenbild aus.

Der Mensch ist in sich nicht schlecht. Er hat einen guten Kern. Aber oft genug lebt er an sich und seiner Wahrheit vorbei. Der Sünder ist der, der sein Leben verfehlt, der am Ziel vorbei schießt und sich deshalb selbst verurteilt und ablehnt. Wenn er umkehrt und sich auf den Namen Jesu taufen lässt, wird er die Vergebung seiner Sünden erfahren und den Heiligen Geist empfangen. Er wird bedingungslose Daseinsberechtigung erfahren und eine Kraft in sich, die ihn davor bewahrt, immer wieder in die gleichen Lebensmuster der Sünde zu fallen. Das ist eine Botschaft, die die Griechen durchaus verstehen können. Ihnen geht es ja immer wieder um die Frage nach dem rechten Weg. Wie finde ich meinen Weg? Welcher Weg führt zum Leben? Die Sünde führt uns auf Irrwege. Wir verfehlen das Ziel. Die Begegnung mit Jesus eröffnet uns einen Weg, auf dem unser Leben gelingt. In der Begegnung mit Jesus werden wir frei von den Verfehlungen unserer Lebensgeschichte, und wir werden mit dem Heiligen Geist erfüllt. Der Heilige Geist befähigt uns, anders zu leben, so zu leben, wie Jesus es uns vorgelebt hat.

Jesus hat nach dem Lukasevangelium unsere Sünden nicht durch seinen Tod gesühnt oder abgewaschen. Er hat die Vergebung Gottes auf neue Weise zugesagt und durch sein Leben bekräftigt und besiegelt. Er hat uns nach Lukas vor allem ein neues Selbstverständnis geschenkt, eine neue Sicht unseres Lebens. Die Frohe Botschaft des Lukas besteht darin, dass Jesus selbst uns die Augen öffnet, sodass wir uns und die Welt anders sehen können. In diesem neuen Selbstverständnis bestehen die Umkehr, das Umdenken, die neue Sichtweise, die Jesus uns vermittelt hat. Wir müssen die Umkehr nicht aus eigener Kraft vollbringen. Jesus ermöglicht uns die Umkehr, wenn wir ihm heute in den Erzählungen genauso begegnen wie die Menschen damals. Und er gibt uns im Heiligen Geist die Kraft dazu, nun aus dieser neuen Sicht heraus andere

Wege zu gehen und anders zu handeln. Wir brauchen kein mühevolles Programm der Lebenshilfe, wie es heute in zahlreichen Büchern angeboten wird. Der Geist selbst treibt uns an, den »neuen Weg« zu gehen, den Weg zum wahren Leben. Wer sich auf den neuen Weg einlässt, den Jesus eröffnet hat, dessen Leben gelingt.

Lukas als Evangelist des Kirchenjahres

Die Auswirkung des Lukasevangeliums in der Kirchenge-
schichte gründet nicht nur in der neuen Ethik, die Lukas
uns vermittelt, sondern auch im spirituellen Weg, auf den
er uns einlädt. Der spirituelle Weg ist vor allem durch das
persönliche Gebet geprägt. Aber er bezieht sich auch auf
die gemeinsame Liturgie, in der das Geschehen Jesu für
uns heute gegenwärtig wird. In der liturgischen Tradition
gilt Lukas als der Theologe des Kirchenjahres. Das hat
verschiedene Gründe. Zum einen beginnt Lukas sein
Evangelium im Tempel. Zacharias empfängt bei seinem
priesterlichen Dienst im Tempel die Verheißung, dass ihm
ein Sohn geboren wird. Und Lukas beschließt sein Evangelium mit dem Lobpreis der Jünger im Tempel: »Sie waren immer im Tempel und priesen Gott.« (Lk 24,53) Mit
diesem Schlusssatz seines Evangeliums hat Lukas den
Gottesdienst der Gemeinde im Blick. Im Gottesdienst feiert die Gemeinde das Gedächtnis der Großtaten, die Gott
in Jesus vollbracht hat. Da wird gegenwärtig, was damals
geschehen ist.

Lukas schildert das Wirken Jesu als ein Jahr des Heils.
Er hat eine einjährige Wirksamkeit Jesu vor Augen. Jesus
versteht seine Aufgabe darin, »ein Gnadenjahr des Herrn
auszurufen« (Lk 4,19). Dieses Jahr des Heils, das Gott
uns in Jesus Christus geschenkt hat, wird im Gang des
Kirchenjahres wiederholt, damit es sich immer tiefer ein-
gräbt in die Geschichte. Die meisten Feste im Laufe des
Kirchenjahres gehen auf Lukas zurück, so der 24. Juni als
Johannestag und der 24. Dezember als Tag der Geburt
Jesu (Lk 1,26). Die Zeit von Weihnachten bis Maria

Lichtmess gründet auf der Geburtsgeschichte Jesu, wie sie uns Lukas überliefert. Passionszeit, Ostern, Christi Himmelfahrt und Pfingsten haben im Lukasevangelium ihren Grund. Aber Lukas hat der Kirche mehr als die Feste und ihre zeitliche Abhängigkeit voneinander geschenkt. Griechische Theologen haben aufgrund seines Evangeliums eine eigene Theologie des Kirchenjahres entworfen. Dabei sind vor allem zwei Gedanken wichtig, die Geschichtstheologie des Lukas und sein Verständnis von Schauspiel.

Theologie der Geschichte

Als Grieche versteht Lukas die Geschichte als den Ort, an dem Gott den Menschen erscheint. Das »kai egeneto = und es geschah« ist das Wort, das Lukas wohl am meisten liebt. Jesu Leben war ein Geschehen, ein geschichtliches Ereignis. Was geschieht, hat Bedeutung für die Menschen. Es bewegt die Menschen. Es bewirkt in den Menschen Heilung und Erlösung. Was damals geschehen ist, das wird im Gottesdienst immer wieder gegenwärtig. Das Gedächtnis versetzt die Taten Gottes in der Geschichte für die Teilnehmer an der Liturgie in die Gegenwart. Die Menschen, die sich im Gottesdienst an die Geschichte Jesu erinnern, werden von dieser Geschichte innerlich berührt und verwandelt. Indem im Lauf des Kirchenjahres der Geschichte Jesu immer wieder im Gottesdienst gedacht wird, gräbt sie sich immer mehr in die Weltgeschichte ein und setzt sich durch. Dadurch wirkt sich die Erlösung, die im Heilsjahr Jesu geschehen ist, am Menschen aus und erreicht alle Generationen. Der Mensch ist wesentlich geschichtlich. Er entfaltet sein Wesen in der Geschichte. Er ist immer schon geprägt von der Geschichte. Er kommt zu seinem Selbst nur im Rückbezug auf die Geschichte. Lukas nimmt die Geschichtlichkeit des Menschen ernst. Auch die Erlösung geschieht in der Geschichte und wirkt sich in ihr aus. Lukas ist mit der griechischen Geschichtsphilosophie vertraut, für die die Wirkungsgeschichte immer schon zum Geschehen hinzugehört. Gedächtnis und Erinnerung sind die beiden Wege, auf denen das Geschehen seine Wirkungsgeschichte entfaltet und sich in unserem geschichtlichen Sein auswirkt. Das Gedächtnis der Heilsgeschichte, die in Jesus ihren Höhepunkt hatte, setzt das Vergangene gegenwärtig, damit wir uns von seinem Anspruch betreffen lassen. Die Erinnerung verinnerlicht das, was geschehen ist, damit es das Herz des Menschen prägt. Auf diesem Weg erreicht uns heute die Erlösung durch Jesus Christus.

Das siebenmalige »Heute«

Dass das Damalige heute an uns geschieht, wenn wir es im Gottesdienst feiern, das wird im siebenmaligen »Heute« deutlich. Lukas erzählt bei den wichtigsten Ereignissen im Leben Jesu, dass »heute« den Menschen Heil wurde. Das erste »Heute« deutet die Geburt Jesu. Der Engel verkündet den Hirten: »Heute ist euch in der Stadt Davids der Retter geboren; er ist der Messias, der Herr.« (Lk 2,11) Heute geschieht die Erfüllung der alttestamentlichen Verheißung eines Messias, der das Volk befreien wird. Bei der Taufe Jesu spricht die Stimme aus dem Himmel (nach den westlichen Handschriften – das ist wohl der ursprüngliche Text bei Lukas): »Mein Sohn bist du, heute habe ich dich gezeugt.« (Lk 3,22) In der Taufe wird Jesus als Sohn Gottes bestätigt und empfängt den Heiligen Geist, damit er nun in der Kraft des Geistes seinen Weg gehe, Kranke heile und Gottes Taten vollbringe. Bei seiner Antrittspredigt in der Synagoge von Nazareth verkündet Jesus selbst: »Heute hat sich dieses Schriftwort, das ihr eben gehört habt, erfüllt.« (Lk 4,21) Mit dem Auftreten Jesu ist das Heilsjahr angebrochen. Heute vollzieht sich vor den Augen der Menschen, was Jesaja verheißen hatte: Den Armen wird eine gute Nachricht gebracht, den Gefangenen Entlassung verkündet, den Blinden das Augenlicht, und die Zerschlagenen werden befreit. Bei der Heilung des Gelähmten gerieten die Menschen außer sich. »Sie priesen Gott und sagten voller Furcht: Heute haben wir etwas Unglaubliches gesehen.« (Lk 5,26) Beim Mahl Jesu mit dem Zöllner Zachäus und seinen Freunden wird das »Heute« gleich zwei Mal genannt: »Ich muss heute in deinem Haus zu Gast sein.« (Lk 19,5) Und als Zachäus durch die Zuwendung Jesu in seinem Herzen verwandelt wird und verspricht, die Hälfte seines Vermögens den Armen zu geben, da sagt Jesus zu ihm: »Heute ist diesem Haus das Heil geschenkt worden.« (Lk 19,9) Das letzte »Heute« formuliert Lukas bei der Kreuzigung Jesu. Als der Schächer Jesus bittet, er möge an ihn denken, wenn er in sein Reich komme, antwortet ihm Jesus: »Amen, ich sage dir: Heute noch wirst du mit mir im Paradies sein.« (Lk 23,43) Man könnte dieses siebenmalige »Heute« des Lukasevangeliums mit den sieben Sakramenten vergleichen. In ihnen geschieht heute an uns, was in und durch Jesus damals geschehen ist. Heute werden wir neu geboren, heute werden wir mit dem Heiligen Geist gesalbt, heute wird uns unsere Schuld vergeben, heute werden unsere Krankheiten geheilt, heute feiert Jesus mit uns ein Mahl und erweist uns seine Güte und Menschenfreundlichkeit. Heute erfahren wir in der Feier von Tod und Auferstehung Jesu, dass wir schon jetzt in das Paradies versetzt sind, dass wir bereits teilhaben an der Herrlichkeit des Auferstandenen.

Die wichtigsten Stationen im Leben Jesu werden also mit dem Wort »heute« verbunden. Dieses »heute« ist sowohl für die Juden als auch für die Griechen verständlich. Im Psalm 95,7 f heißt es: »Heute, wenn ihr seine Stimme hört.« Der Gott, der in der Vergangenheit zu den Israeliten gesprochen hat, spricht in der Liturgie »heute« zu uns, damit wir unser Herz nicht verhärten, sondern uns vom Wort Gottes verwandeln lassen. Das »Heute« ist aber auch den Griechen vertraut. In den nächtlichen Mysterienfeiern ruft der Priester den Feiernden zu: »Heute hat die Jungfrau das Licht geboren.« Die Mysterienkulte kannten das »Heute«. Sie begingen im Kult, was »in jener Zeit« geschehen ist, damit es »heute« unter uns geschieht und uns berührt. Die Griechen suchten in ihrem Kult Anschluss an die heilige Zeit, in der die Götter ihre Taten vollbrachten. Für sie war der Gottesdienst der Ort, an dem die reine und heilige Zeit des Anfangs, der Weltschöpfung, wieder vergegenwärtigt wurde und die profane Zeit mit ihren Verunreinigungen aufgelöst wurde. Der Mensch, der sich in der Liturgie der heiligen Zeit, der Heilszeit, erinnerte, wurde gleichsam neu geboren. Er »begann seine Existenz noch einmal mit einem ungeschmälerten Vorrat an Lebenskraft, wie im Augenblick seiner Geburt« (Eliade, S. 47). Das Heimweh nach den Ursprüngen, das Heimweh nach dem Paradies war für die Griechen der Beweggrund ihrer Feste und Feiern. Es war die Sehnsucht, »in die starke, frische und reine Welt, die in illo tempore war, zurückzutreten. Es ist zugleich Durst nach dem Heiligen und Heimweh nach dem Sein.« (Eliade, S. 55) Wenn die frühen Christen in der Liturgie das »Heute« hörten, so wussten sie, dass Christus selbst unter ihnen gegenwärtig war. Sie hatten teil am Heilsjahr des Herrn. Das, was damals die Menschen so berührte, was sie in ihrem Herzen verwandelte und was ihre Wunden heilte, das geschieht heute an ihnen. Sie haben Anteil am heilenden und befreienden Wirken Jesu. Jesus spricht heute zu ihnen und berührt heute ihre blinden Augen und

ihren aussätzigen Leib. Mit dieser Theologie des »Heute«
zeigt uns Lukas einen Weg, den »garstigen Graben der Geschichte« zu überbrücken und das Geschehen Jesu heute
als heilend und erlösend zu erfahren.

Theologie des Schauspiels

Der zweite Gedanke, mit dem Lukas eine Theologie des
Kirchenjahres bereichert, ist die griechische Vorstellung
vom Schauspiel. Die Griechen liebten das Schauspiel. Im
Schauspiel werden menschliche Konflikte mit all den
darin aufbrechenden Emotionen und Leidenschaften dargestellt. Da wird der Mensch in seiner Polarität zwischen
Gut und Böse, zwischen Licht und Dunkel offenbar. Der
Zuschauer kommt auf diese Weise in Berührung mit seinen eigenen verdrängten Emotionen und Leidenschaften.
Er entdeckt die Abgründigkeit seines Herzens, er erkennt
seine Bedürfnisse und Sehnsüchte, seine Gefährdungen
und seine innere Zerrissenheit. Das Schauspiel hatte für
die Griechen kathartische Wirkung, das heißt das Schauspiel reinigte den Zuschauer von seinen inneren Ver-
schmutzungen durch seine Leidenschaften und Emotionen. Indem ich einem Schauspiel beiwohne, werde ich
innerlich verwandelt. Die Emotionen klären sich, und ich
komme in Berührung mit meinem ursprünglichen Selbst,
mit dem reinen Bild, das Gott sich von mir gemacht hat.
Lukas hat das Leben Jesu als Schauspiel beschrieben, das
die Zuschauer betroffen umkehren lässt. Und es lag nahe,
dass die ersten Christen sich dieses Schauspiel immer wieder in der Liturgie vor Augen führten, um sich wie die
Menschen damals an die Brust zu klopfen und verwandelt nach Hause zu gehen. Die frühen Kirchenväter, die
eine Theologie der Liturgie entfalteten, waren vor allem
Griechen. Sie griffen die Idee des Schauspiels auf, die sie

einerseits bei Lukas fanden, andererseits auch in den Mysterienkulten, die in ihrem Umfeld praktiziert wurden. Es täte uns gut, wenn wir uns heute von der Theologie des Schauspiels inspirieren ließen. Dann würden unsere Gottesdienste einladender. Und sie würden den Teilnehmern an der Liturgie die Geschichte Jesu so vor Augen halten, dass sie davon angerührt würden wie damals die Leser des Lukas-Evangeliums. Selbst kirchenfremde Gottesdienstbesucher werden heute noch von der Sprache des Lukas angesprochen, wenn etwa an Weihnachten die Geschichte der Geburt Jesu vorgelesen wird, oder wenn das Gleichnis vom verlorenen Sohn oder die Emmausgeschichte verkündet werden.

Lukas und das liturgische Gebet

Lukas hat in seinem Evangelium der Kirche drei Gebetspsalmen geschenkt, die täglich in der Liturgie gesungen werden: das Benedictus als Morgenlob, das Magnificat als Abendlob und das Nunc dimittis als Nachtgebet. In diesen drei Hymnen drückt sich für mich die Kunst des Lukas aus, die Vergangenheit mit der Gegenwart und Zukunft zu verbinden. In diesen Hymnen preisen wir Gott für das, was er damals für uns getan hat, und für das, was er heute an uns tut. Wir benutzen diese Worte an jedem Tag und an den verschiedenen Festen. Sie beschreiben nicht nur, was in der Geburt des Johannes oder was an Weihnachten geschehen ist. Die Worte sind vielmehr offen, um das Geheimnis jedes Festes zu beschreiben, sei es nun Ostern oder Pfingsten, Christi Himmelfahrt oder ein Marien- oder Heiligenfest. Immer geht es um Gottes gütiges Handeln an uns heute, da wir heute Liturgie feiern.

Der Lobgesang des Zacharias, der eigentlich ein Glückwunschgedicht zur Geburt des Johannes ist, wird von Lukas bewusst vor die Geburt Jesu gestellt. So sieht Lukas in diesen Worten das Geheimnis der Menschwerdung ausgedrückt, das wir täglich neu am Morgen bedenken. In Jesus hat Gott uns Menschen besucht. Gott wird unser Gast. Und als Gastgeschenk bringt er die Erlösung mit. Diese Erlösung wird beschrieben als Rettung aus der Hand unserer Feinde, als Barmherzigkeit, die er an uns erweist, und als Ermöglichung eines Lebens ohne Angst, »in Heiligkeit und Gerechtigkeit vor seinem Angesicht all unsere Tage« (Lk 1,75). Und die Geburt Jesu wird besungen als Besuch des aufstrahlenden Lichtes aus der Höhe. In Christus erscheint uns die Sonne des Heils. Sie leuchtet uns, die wir in Finsternis und Todesschatten sitzen, damit wir unsere Schritte lenken auf den Weg des Friedens (Lk 1,79). Das Bild des aufleuchtenden Gestirns aus Himmelshöhen ist sowohl den Juden wie den Griechen bekannt. Christus ist die himmlische Lichtgestalt. Er ist der wahre Morgenstern, der aufgeht in unseren Herzen. Die Kirche singt diesen Lobgesang jeden Morgen, um zu bekennen, dass die aufgehende Sonne auf Christus verweist. Was wir in der Natur beobachten, ist Bild für Christus als die wahre Sonne. Christus bringt uns heute das Licht, das unsere Finsternis vertreibt und uns Schritte auf dem Weg des Friedens ermöglicht.

In der Abendliturgie der Vesper wird täglich das Magnificat gesungen. Es ist das Preislied Mariens. Maria besingt darin nicht nur das, was Gott an ihr getan hat, sondern Gottes Wirken in der Geschichte und Gottes Handeln in Jesus Christus, das alle Maßstäbe dieser Welt umstürzt. In Jesus hat Gott die Machtverhältnisse dieser Welt umgekehrt. Lukas setzt das Loblied Mariens aus jüdischen Gebeten zusammen. Es hat Ähnlichkeiten mit pharisäischen Psalmen. Zugleich aber spielt er auf griechische Motive an. Die Umkehrung der Verhältnisse ist auch in der griechischen Literatur ein bekannter Topos.

Die christliche Liturgie hat das Magnificat nicht nur auf die Geburt Jesu hin ausgelegt, sondern es immer schon im Licht von Tod und Auferstehung Jesu gesehen. In Tod und Auferstehung Jesu hat Gott alle Maßstäbe dieser Welt über den Haufen geworfen. Schon in der Geburt Jesu wird klar, dass der Herrscher der Welt als armes Kind geboren wird und die Reichen dadurch leer ausgehen. Was in der Geburt Jesu begonnen hat, vollendet sich in Tod und Auferstehung Jesu. Da wird der Gehenkte zum König, der Tote zum Anführer des Lebens. Das Licht leuchtet in der Finsternis, das Grab wird zum Ort des Lebens. Lukas bietet mit dem Magnificat der Kirche ein Lied an, das das Geheimnis Jesu in Bildern beschreibt, die zugleich Bilder für die Verwandlung unseres eigenen Lebens sind. Im Blick auf Christus und im Blick auf Maria geht mir auf, was Gott an mir Großes getan hat. So wird das Magnificat zum persönlichen Abendgebet, in dem ich Gott dafür danke, dass er heute auf meine Niedrigkeit geschaut und Großes an mir getan hat. In diesem Lied vermischen sich also nicht nur Vergangenheit und Gegenwart, sondern zugleich das Erleben Mariens mit meinen persönlichen Erfahrungen und das Geschick Jesu mit meinem eigenen Schicksal. Lukas versteht die Kunst, die Vergangenheit gegenwärtig zu setzen, die Geschichte Jesu mit der Geschichte der Kirche und mit unserer ganz persönlichen Geschichte zu verbinden. Im Magnificat ist ihm das auf einmalige Weise gelungen. So preisen wir in diesem Lied täglich neu in Gemeinschaft mit Maria, der Schwester im Glauben, Gottes gnädiges Handeln an uns.

In der Komplet, im kirchlichen Nachtgebet, singt die Kirche das Abschiedslied des greisen Simeon. Auch in diesem Lied begegnen wir der Doppeldeutigkeit der Worte. Es ist das Danklied des Simeon für das, was er erlebt hat, dass er in dem Kind auf seinen Armen das Heil gesehen hat, das »Licht, das die Heiden erleuchtet, und

Herrlichkeit für dein Volk Israel« (Lk 2,32). Und zugleich ist es unser Lied am Ende des Tages. Heute haben wir das Heil gesehen, das Gott uns bereitet hat. Heute ist Christus als Licht für uns aufgeleuchtet, um das Gläubige und Ungläubige in uns zu erhellen. Simeons Gebet ist Gespräch mit Gott im Moment des Sterbens. Es ist auch für uns angesichts der Nacht Einübung in das Sterben. Die Nacht des Todes hat ihren Schrecken verloren, weil wir in Jesus das Heil gesehen haben, durch das unser Leben heil wird und ganz. Wir haben das Heil nicht nur in der Geburt Jesu gesehen, sondern heute an diesem Tag. Gott lässt uns sein Heil schauen, wenn er uns im Schweigen berührt, wenn uns in der Begegnung mit einem Menschen das Geheimnis Gottes aufleuchtet. Der Blick auf Jesus öffnet unsere Augen für das Heil, das heute an uns geschieht. Weil wir heute das Heil geschaut haben, können wir uns in der Nacht getrost den liebenden Armen Gottes überlassen.

Die Kirche liebt diese drei Lieder, die Lukas ihr geschenkt hat. Und viele Gläubige singen täglich gern diese Gesänge. Sie spüren, dass die Worte des Lukas voller Poesie sind, dass sie offen sind, alles, was wir heute erleben, vor Gott zum Ausdruck zu bringen. Sie preisen Gott für das, was er damals in Jesu Geschichte an uns getan hat und was er heute in Jesus Christus an uns tut. Lukas ist also täglich in der Liturgie anwesend. So wirkt Lukas wie kaum ein anderer in der Kirche weiter. An den großen Festen hören wir Texte aus seinem Evangelium und aus der Apostelgeschichte: Weihnachten, Mariä Lichtmess, Ostermontag, Christi Himmelfahrt und Pfingsten. In der Adventszeit lesen wir an den Tagen vor Weihnachten vor allem aus dem Lukas-Evangelium. Und in der Osterzeit hören wir täglich Lesungen aus der Apostelgeschichte. Jeden Morgen und Abend singen wir die Lieder, die Lukas uns überliefert hat. Es sind täglich neue Lieder, ob-

wohl Lukas diese Worte vor bald zweitausend Jahren ge-
schrieben hat. Er ist wahrhaft ein Dichter, der uns die
Worte schenkt, mit denen wir unser Leben im Angesicht
Jesu deuten und zum Ausdruck bringen können.

Schluss

Lukas ist in unseren Tagen mit vielen Etiketten behaftet worden: Lukas, der Evangelist der Armen (Degenhart), der Evangelist des Alltags (Venetz), der Evangelist des Kirchenjahres (Grundmann), der Evangelist der Frauen (feministische Theologie), der erste Befreiungstheologe (Befreiungstheologie). In unserer Zeit ist das Lukas-Evangelium vor allem von der Befreiungstheologie und von der feministischen Theologie neu entdeckt worden. Die protestantische Exegese schätzte das Lukas-Evangelium kaum. Bultmann sprach Lukas jede brauchbare Theologie ab. Er misst Lukas an der paulinischen Rechtfertigungslehre und stellt zu Recht fest, dass Lukas eine andere Theologie vertritt als Paulus. Aber es ist gut, dass es nicht nur Paulus gibt, sondern auch Lukas, der uns Jesus als Mensch nahe bringt, der uns Geschichten zu erzählen vermag, die ins Herz treffen und uns zur Umkehr einladen. Lukas spricht wie kein anderer Evangelist die Frauen an, nicht nur weil er als Einziger berichtet, dass Jesus nicht nur von den Zwölf begleitet wurde, sondern auch von einigen Frauen (vgl. Lk 8,2 f) Frauen waren genauso Jüngerinnen wie die Männer. Lukas berührt die Herzen der Frauen, weil er nicht moralisiert, sondern Geschichten erzählt. Und Lukas wird von Frauen geliebt, weil er nicht theoretisch schreibt, sondern immer schon in Beziehung zu seinem Leser und seiner Leserin. Er stiftet durch sein Schreiben Beziehung. Das gibt seinem Evangelium eine andere Qualität, eine menschliche Qualität.

Lukas ist heute genauso aktuell wie damals. Er kann uns diesen Jesus wieder nahe bringen, der heute vielen fremd geworden ist. Das Jesusbild des Lukas ist einladend, faszinierend. Es ist nicht einfach nur harmonisch und nett. Vielmehr zeigt dieser Jesus auch sperrige Züge. Man muss sich mit ihm auseinander setzen. Man kommt nicht um ihn herum. Er provoziert uns mit manchen Aussagen. Und zugleich fasziniert er uns in der Art und Weise, wie er spricht und handelt. Die Übersetzungsarbeit, die Lukas für die gebildeten Griechen seiner Zeit geleistet hat, müssten wir heute weiterführen. Was ist der heutige Horizont, in den hinein wir Jesus verkünden? Wie weit entspricht dieser Horizont der Denkwelt des Hellenismus? Hellenismus war ja ein Konglomerat von griechischen, ägyptischen, persischen und jüdischen Einflüssen. Das hat durchaus in der Pluralität unserer Zeit eine Parallele. Daher wäre es unsere Aufgabe, Lukas in unseren Denkhorizont hinein zu übersetzen. Von Lukas könnten wir lernen, Jesus im Dialog mit anderen Religionen in seiner Eigenart und Besonderheit zu verstehen, ohne die anderen Religionen zu entwerten. Gerade die Traditionen anderer Religionen können uns die Augen öffnen, damit wir das Geheimnis Jesu in seiner ganzen Tiefe erfassen.

Lukas ist modern als Theologe der sozialen Gerechtigkeit. Der gerechte Ausgleich der Güter wird in den kommenden Jahren das große Thema der Politik sein. Wenn die Verhältnisse in Süd und Nord weiterhin so auseinander klaffen, wird das zur Ursache kriegerischer Auseinandersetzungen werden. Die Stimme des Lukas muss heute von neuem gehört werden, wenn wir dauerhaft in Frieden leben wollen. Der Friede ist nicht nur idyllische Botschaft von Weihnachten, sondern es braucht Schritte des Friedens. Und die bestehen für Lukas vor allem im Teilen des Besitzes. An dieser Einsicht des Lukas kommen wir heute nicht vorbei. Nicht umsonst wird Lukas daher der Evangelist der Armen genannt.

Jeder wird andere Texte des Lukasevangeliums lieben. Jeder wird von anderen Erzählungen angesprochen und angerührt. Ich wünsche dem Leser, dass er das Lukas-Evangelium mit neuen Augen liest, dass er es so liest, als hätte er es noch nie gelesen. Vielleicht geht dem Leser dann die Aktualität dieser Botschaft auf. Ich wünsche jedem Leser, dass es ihm ergeht wie den Emmausjüngern: »Brannte uns nicht das Herz in der Brust, als er unterwegs mit uns redete und uns den Sinn der Schrift erschloss?« (Lk 24,32) Möge Ihnen das Herz brennen und mögen Ihnen die Augen aufgehen, damit Sie das Geheimnis der barmherzigen Liebe Gottes verstehen, die uns in Jesus Christus aufgeleuchtet ist und uns hier auf Erden besucht hat.

Literatur

Bovon, François, Das Evangelium nach Lukas EKK III,1, Einsiedeln 1989.

Bovon, François, Das Evangelium nach Lukas EKK III,2, Einsiedeln 1996.

Dihle, Albrecht, Gerechtigkeit, in RAC, S. 233–360.

Eliade, Mircea, Das Heilige und das Profane. Vom Wesen des Religiösen, Hamburg 1957.

Ernst, Josef, Lukas. Ein theologisches Portrait, Düsseldorf 1985.

Grundmann, Walter, Das Evangelium nach Lukas, Berlin 1966.

Heininger, Bernhard, Metaphorik, Erzählstruktur und szenisch-dramatische Gestaltung in den Sondergutgleichnissen bei Lukas, Münster 1991.

Huizing, Klaas, Ästhetische Theologie I. Der erlesene Mensch, Stuttgart 2000.

Kehl, Alois, Geschichtsphilosophie, in RAC, S. 703–753.

Platon, Gorgias, in: Platon, Sämtliche Werke. 1. Band, Heidelberg 1958.

Schillebeeckx, Edward, Christus und die Christen. Die Geschichte einer neuen Lebenspraxis, Freiburg 1977.

Schnackenburg, Rudolf, Die Person Jesu Christi im Spiegel der vier Evangelien, Freiburg 1993.

Schürmann, Heinz, Das Lukasevangelium, Freiburg 1969.

Venetz, Hermann-Josef, Der Evangelist des Alltags. Streifzüge durch das Lukasevangelium, Freiburg (Schweiz) 2000.

Die Deutsche Bibliothek – CIP-Einheitsaufnahme
Ein Titeldatensatz für diese Publikation ist bei
Der Deutschen Bibliothek erhältlich.

I   2   3   4   5   05   04   03   02   01

© 2001 Kreuz Verlag GmbH & Co. KG Stuttgart, Zürich
Ein Unternehmen der Verlagsgruppe Dornier
Postfach 80 06 69, 70506 Stuttgart, Tel.: 0711/78 80 30
Sie erreichen uns rund um die Uhr unter www.kreuzverlag.de
Umschlagbild: Codex Millenarius, Ausschnitt Lukas
Umschlaggestaltung: Atelier Reichert, Stuttgart
Satz: de·te·pe, Aalen
Druck und Bindung: GGP Media, Pößneck

Die Schreibweise entspricht den Regeln
der neuen Rechtschreibung.

ISBN 3 7831 2013 6